这一生为何而来

Ein Langer Weg
Gespräche über Schicksal,
Versöhnung und Glück

海灵格
自传·访谈录

[德] 伯特·海灵格　嘉碧丽·谭·荷佛　著
　　（Bert Hellinger）　（Gabriele ten Hövel）

黄应东　乐竞文　译　张瑶瑶　审校

机械工业出版社
CHINA MACHINE PRESS

图书在版编目（CIP）数据

这一生为何而来：海灵格自传·访谈录/（德）伯特·海灵格（Bert Hellinger），（德）嘉碧丽·谭·荷佛（Gabriele ten Hövel）著；黄应东，乐竞文译．—北京：机械工业出版社，2020.1（2025.1 重印）

书名原文：Ein Langer Weg: Gespräche über Schicksal, Versöhnung und Glück

ISBN 978-7-111-64196-4

Ⅰ. 这… Ⅱ. ①伯… ②嘉… ③黄… ④乐… Ⅲ. 海灵格–传记 Ⅳ. K835.165.1

中国版本图书馆 CIP 数据核字（2019）第 253209 号

北京市版权局著作权合同登记　图字：01-2019-6453 号。

Bert Hellinger, Gabriele ten Hövel. Ein Langer Weg: Gespräche über Schicksal, Versöhnung und Glück.

Copyright © 2016 by Bert Hellinger.

Simplified Chinese Translation Copyright © 2020 by China Machine Press. This edition is authorized for sale in the Chinese mainland (excluding Hong Kong SAR, Macao SAR and Taiwan).

No part of this book may be reproduced or transmitted in any form or by any means, electronic or mechanical, including photocopying, recording or any information storage and retrieval system, without permission, in writing, from the publisher.

All rights reserved.

本书中文简体字版由 Hellinger PUBLICATIONS 授权机械工业出版社在中国大陆地区（不包括香港、澳门特别行政区及台湾地区）独家出版发行。未经出版者书面许可，不得以任何方式抄袭、复制或节录本书中的任何部分。

这一生为何而来：海灵格自传·访谈录

出版发行：	机械工业出版社（北京市西城区百万庄大街 22 号　邮政编码：100037）		
责任编辑：	杜晓雅	责任校对：	李秋荣
印　刷：	北京瑞禾彩色印刷有限公司	版　次：	2025 年 1 月第 1 版第 9 次印刷
开　本：	170mm×230mm　1/16	印　张：	17.5
书　号：	ISBN 978-7-111-64196-4	定　价：	99.00 元

客服电话：（010）88361066　68326294

版权所有·侵权必究
封底无防伪标均为盗版

结束的地方，即是开始。

目录 Ein Langer Weg

推荐序
伯特·海灵格简介
导　言

生命与内在成长

于我而言，一切只与内在成长相关
生命站点　/2

我从未想要成为教师　/7

其实，我并未经历青少年时期就长大成人了
战争　/13

那个该死的德国人，到底藏在哪儿
逃亡　/16

这并不是一个自由的决定
教会　/19

我当时毫无概念
作为玛丽安西勒尔传教士的一员　/27

助人还是自我实现，牺牲奉献的目的何在
团体动力 /38

我要离开
神职生涯的结束 /44

直到 50 岁，我仍然没有感觉到自己的完整
成长发展的不同阶段 /52

人们不容许我有犯错的权利

逆境是成长所必需的
关于疗愈过程中的强硬态度 /68

我没有说移民必须回去 /73

我为整个团体做治疗工作 /75

我从不谈政治 /78

我不是机械技工
对个案问题的详细陈述 /80

我不做反对阻抗的工作
中断排列 /84

这些领悟能够挽救生命 /88

爱的五个同心圆

爱的第一个同心圆
父母 /92

爱的第一个同心圆
冥想练习 /94

爱的第二个同心圆
童年和青春期 /96

爱的第二个同心圆
冥想练习 /101

爱的第三个同心圆
接受和给予 /105

爱的第三个同心圆
冥想练习一 /109

爱的第三个同心圆
冥想练习二 /111

爱的第四和第五个同心圆
尊重认同全人类及全世界 /113

命运之手

能因自己的母亲而感到喜悦的人是生活中的赢家
关于幸福和喜悦 /116

身为父亲的人不需要继续抗争
关于疏远孩子 /121

我从哲学的角度赞颂母亲的伟大
身为父母的职责 /125

如同巨人之手的手指
加害者与受害者之间的联结 /128

我在内心接纳所有被排除在外的人　/131

受害者需要在我们的内心拥有一个属于他们的家园　/135

我与加害者保持距离　/138

所有人都共同参与了历史　/140

良知与愧疚

在爱中我是自由的，又是与人联结的
关于成人的自主与叛逆　/148

狂热主义暗含着一种妄想
热情与回归中心　/155

做好事时没人会提到自己的良知
有关"好的良知"的幼稚理解　/159

有意识的、痛苦的参与
关于不可避免的愧疚　/167

那里，是个人主义的终点
原始良知和场域　/172

我是德国人，但我不会因此而骄傲
关于和解与爱国主义　/177

让过去成为过去

不要用良知教训生者，而要带着爱看向逝者
关于记忆与压抑　/184

我们必须在内心允许过去成为过去
关于报复与愤怒的平衡 /189

愤怒没有慈悲
关于和平与"好的良知" /193

当过去有权成为过去，我们才能拥有未来
政治排列 /197

波兰人是否对德国人比较有好感
关于战争赔偿的要求 /207

灵性的移动

我并不自以为拥有真理
灵性的移动和无形的力量 /212

使无法想象的事有形可见
关于信息及场域 /225

假如我探究排列的成效，我就有了自私的意图
关于成果监控和效果的证据 /230

所有的移动都被来自其他地方的力量推动
其他力量、宗教以及自主的决定 /237

我们必须继续向前
解决道路上遇到的瓶颈 /245

Ein Langer Weg 推荐序

这是一本发人深省的书。

这一生为何而来？人类所有个体都会问自己这个问题，有的人很早就问了这个问题，有的人面对中年危机才问这个问题，问得早的人这一生注定会不平凡。

浩瀚宇宙、苍茫大地、金钱男女、名利地位、生生死死都会不期而遇般扰动每一个不假思索地生活的人，精神哀痛如影随形于天地之间的万物之灵。当深陷痛苦、面对死亡时，人们会仰天发问：这一生为何而来？

当我们在思考"我从哪里来？我在哪里？我要到哪里去？"时，就该看看《这一生为何而来》。

海灵格老师很早就开始思考这个问题，在他 7 岁那年逃脱纳粹追捕的时候，在他 10 岁那年进入寄宿学校的时候，在他 17 岁就结束青少年时代应征入伍的时候，在他 18 岁进入战俘营的时候，在他 19 岁就进入教会的时候……

海灵格老师的思考和实践一直在回答这个问题。他一直在研究，在呈现，在展示一般人没有看到的、确实存在着的和存在过的心理和精神现象。了解他的工作也有助于我们思考和理解：这一生为何而来？

海灵格老师的思想有精粹的表达："我允许""我等待""我尊重""谁在我家""一切如是"……他一直非常耐心、细心、谦卑、敬畏地工作。从他的工作中我们可以看到他对人性的良知和对人心的洞见。

海灵格老师不是严格意义上的思想家和科学家，家族系统排列从严格意义上来说也不算科学领域的发明和创新，有的只是弟子的观察和对话记录，这一点有点像我们古代的先贤。所以，国内外学术界对他争议不断。作为受到自然科学实证方法严谨训练的学者，我一直试图用原有知识储备和经验系统理解他的思想和工作。在自己的临床心理实践中，我对他的态度和方法有所借鉴，其他超出语义网络的部分仍在我的深思中。

这是一本值得细读的书。

杨凤池

首都医科大学教授、博士生导师

2019 年 11 月 8 日

伯特·海灵格简介

Ein Langer Weg

伯特·海灵格（Bert Hellinger，1925.12.16—2019.9.19），德国心理治疗师，"家庭系统排列"创始人。他是跨越20、21世纪，影响力深远的知名心理治疗师，也是心理疗愈领域的畅销书作家。除此之外，他还是一名哲学家、教育工作者，在心理治疗领域同时扮演着心理分析师、身体疗愈师、团体动力治疗师和家庭治疗师等多重角色。他将一生的经验和智慧都倾注于工作当中。

"家庭系统排列"（Family Constellation）已成为欧美应用心理学界一个热门的课题。作为社会性的生命，每个人都隶属于某些系统：每个人都是一个家庭的成员、某个社区的居民、某个组织的一员……而且每个人自身也是一个系统，一个由身、心各要素构成的系统。这些大大小小的系统相互联系，构成一个完整的社会系统。家庭系统排列师通过现象学探究问题的引发根源，呈现隐藏在现实背后的影响因素。

家庭系统排列作为海灵格疗法的标志，触动了成千上万的生命，也改变了许多专业助人者的助人方式。

海灵格年轻时曾在南非学习和工作过很多年,他在那里对心理治疗产生了兴趣,后来离开南非回到欧洲,接受精神分析的系统培训,并从此专注于心理治疗领域。

精神分析和心理治疗无疑对海灵格产生了重要的影响。他秉承一贯的作风,全心全意地投入到精神分析的训练中。他读完了弗洛伊德的所有著作,以及很多相关的著作。

此外,诸多其他治疗流派也对海灵格的工作产生了影响,包括:团体动力中的现象学/对话定向、他从南非祖鲁人那里学到的人类要与自然力量保持一致的基本需求、在维也纳学习的精神分析,还有在美国学到的身体疗愈方法、家庭治疗的方法。他还和米尔顿·埃里克森(Milton H. Erickson)等人一起工作过,对格式塔疗法很感兴趣,并学习过多年人际沟通分析(Transactional Analysis,TA)。

那些熟悉心理治疗知识范畴的人会辨认出,海灵格在自己的治疗方法中对各种不同元素进行了独特的整合。通过对不同心理治疗方法和其他范式的整合,他创造了一种独一无二而又极具吸引力的疗愈方法。家族系统排列开始是作为一种心理治疗的方法被用于处理个体问题,后来经过海灵格夫妇的共同努力和研发,家族系统排列在当今的欧美已经被广泛应用于康复、教育、商业、组织发展(如企业重组、企业并购、企业文化的改变)等方面。

海灵格曾被提名为诺贝尔和平奖候选人,推荐信中写道:海灵格先生做出了很伟大的贡献，即对于长期存在于个体、团体和种族间冲突的成因提供了深刻洞见，并提出了让过去得以平息、让新的开始可以到来的行之有效的方法。

到目前为止，他的工作为那些长期处于冲突中的个人和团体带来了深度的和平。海灵格在他85岁高龄的时候依然笔耕不辍，他的著作平易近人，妇孺皆懂，引导着人们去寻找自己内在的和平。

在世界各地有很多感激海灵格的人，因为海灵格疗愈了他们的心灵，挽救了他们的关系，改变了他们的生活及对生活的认识。

海灵格先生的洞见和方法已经在全球范围内的很多领域得到了较好的传播和广泛的应用。家庭系统排列这一方法向我们展示了系统性的方法如何对个体产生影响。海灵格指出，很多人站在了不属于自己的错误位置上，导致系统层面和个体层面发生各种问题。如果我们放弃只着眼于个体的方法，而从更大的系统的角度出发，让每个人都回归到自己的位置上（首先回归到父母身边作为孩子的位置上），那么在整个系统中爱就开始流动，个体的问题就有机会得以解决，这就是海灵格所称的"爱的序位"。而家族系统排列的所有秘密，就是帮助个体看向被中断的联结，将其带回到父母身边。

海灵格迄今已经完成了110多本著作，其中部分图书被翻译成38种语言。他的许多工作被记录在CD、DVD、有声书和电子书中，在世界范围内广受欢迎。

（上图为伯特·海灵格被提名2011年诺贝尔和平奖的推荐信，在图中可以看到，来自全球许多国家的人们联合署名支持伯特·海灵格。）

海灵格生平

1925年12月16日，伯特·海灵格出生于德国雷门，是父母的第二个孩子。两年后，他们举家前往斯图加特，三年后去了科隆，他在科隆上了小学。海灵格曾说，父母和童年经历对他日后的工作产生了巨大的影响。

10岁那年，他被送往洛尔的寄宿学校。在那里，他度过了5年时光，他将其描述为自己童年和青年时期最美好的时光。

当寄宿学校在战争期间被转为军人医院后，他在卡塞尔上了初中。两年后，在17岁时，他入伍服役，进入军队成为士兵。

1944年11月，19岁时，他成为战俘，经历了战争、被俘以及在比利时战俘营被关押的人生。

一年后，他从监狱逃脱，想办法回到了德国。6周后，他成为神职人员行列中的一员，开始了在静默、学习、沉思和静心冥想中漫长的身心灵净化过程。经过一年的准备，他去了乌茨堡的神学院，并在乌茨堡大学开始了他的神学研究。

5年后，他被任命为神父。之后，他被派到南非工作，并在那里的大学继续学业，获得了大学教育学位。他与南非的祖鲁人一起度过了16年时光，那是一段对他后来的工作有深远影响的经历。他在那里管理一所很大的神学院，从事教学工作，后又升职为校长。

他学会了祖鲁人的语言，并将歌曲翻译成他们的语言。作为一个欧洲人，海灵格和祖鲁人在一起感到十分自在。离开一种文化，然后在另一种文化中生活的历程，使海灵格对多元文化价值相关性的觉知变得更加敏锐。

在南非期间，海灵格参与了一个有多个种族成员参与的团体动力培训，这对他产生了非凡的影响。在那里，他了解了一种重视对话、现象学和人类体验的团体工作。

在南非居住了18年后，海灵格回到德国。同时，他开始学习精神分析，并参加乌茨堡大学的心理学课程。他也教授团体动力学课程，并成为德国工作小组的团体动力学和团体心理学培训师。后来他也参加了维也纳精神分析师工作小组，开始接受精神分析师培训。在此期间，他整合了团体动力学的知识，得到了积极认可。

1971年，也就是他从非洲回来的两年之后，海灵格不顾所有反对的声音辞去神职。他决定离开宗教组织，因为他意识到，神职人员的工作已不再能与他内在的成长相适宜。他开始作为心理治疗师独立工作，并迅速成为欧洲最主要的治疗专家。他的课程在德国、瑞士、意大利和许多其他国家都很成功，从神父到心理咨询师，各种各样的人都来参加，他成为心理治疗业内的顶尖人物。

1974年，他去了美国9个月，并在洛杉矶和丹佛参加原始疗法培训，同时，他致力于深入探索格式塔疗法，并参加了人际沟通分析和脚本分析的培训。

1979年后，他先后参加了米尔顿·埃里克森的催眠疗法的培训，以及主题中心交互、神经语言程序学和生物能量分析的培训。到1982年，他受到非医学背景心理治疗师更广泛的认可。

在此期间，他参加了多个心理学家大会，在小团体范围内开始展示家族系统排列。随后，海灵格向更广大的民众提供家族系统排列治疗。

1995年，根达·韦伯来到海灵格的课上，并记录了文字稿，因此有了《谁在我家》一书的出版。海灵格逐渐形成了一套家族系统排列的理论和原则，称之为"爱的序位"，他认为对于这些序位的违背会导致关系、财务和健康状况的困难。

2003年，海灵格与他的第二任妻子索菲结婚。索菲·海灵格曾创立海灵格学校，为人们从源头学习家族系统排列提供了可能。海灵格和索菲的结合极大地丰富了家族系统排列，使它进入了新的层面和维度。

2008年，海灵格因其对结合医疗的特殊贡献，在墨西哥被授予结合医学荣誉博士。同年，他由于在结合医学领域做出的特殊贡献，在美国纽约接受了另一个结合医学奖项。

2011年，海灵格被提名诺贝尔和平奖。

2012年，墨西哥大学董事会授予海灵格金色桂冠，"认可这种方法论和哲学发现对人类幸福做出的根本贡献"。

2014年，海灵格成为墨西哥特拉尔内潘特拉的名誉公民，同年，他由于对墨西哥家庭和社会事务国家机构的建立做出的特殊贡献而获奖。

2016年，伯特·海灵格和索菲·海灵格第一次在中国举行工作坊，展示新家族系统排列的工作方法。

2018年3月12日，在巴西里约热内卢举办的第一届国际综合和补充医学执业及公共卫生大会上，家族系统排列被正式列为巴西公共健康体系的执业疗法之一。

2019年9月19日，海灵格逝世，享年94岁。

导言   Ein Langer Weg

那时正值二月，我俩刚离开巴伐利亚广播电台，踏着路上泥浆般的积雪，走向慕尼黑中心火车站。我问他："你还会工作多久？""噢……"他说，"我想再过不久就差不多了吧？"那时他70岁，刚出版了一本书，我们共同完成了第一场广播电台的访谈。

"伯特·海灵格是谁？"广播电台的节目编辑最初这样问我。我向他保证，海灵格会让心理治疗的概念发生革命性的改变，他将信将疑地接受了我的说法。我的主编听完录制的节目带后对我说："我听节目带时，因为不安、愤怒和内心的冲突而无法自制地起身，来回踱步。"我的一个女性朋友在听录制的节目带时，不得不中断录音，对我说："可怜的嘉碧丽，你又让自己卷进什么风浪里啦！"我让另一位朋友观看有关海灵格工作的录像带，几分钟后，她就站起身对我说："我无法继续看这录像，这家伙讲话就像弗赖斯勒[一]！"

[一] 指罗兰·弗赖斯勒（Roland Freisler），纳粹德国时期"人民法院"院长。——译者注

从那时到现在，一晃已经10年了，[1]当时引起争议的海灵格先生，如今举世闻名。他的著作被翻译成19种语言，从中文到葡萄牙文，再到塞尔维亚文，被全球数百万人阅读。海灵格的家族系统排列治疗方法，成为在世界各地备受欢迎的热门课程：无论是在有机食品店[2]还是在不同的成人培训机构，到处可以看到精美的介绍家族系统排列课程的印刷广告。

然而，海灵格仍然被一些人质疑。当时社会中的许多人都拥有反叛和好斗的心态，他们对于1968年发生的自由主义思想运动都持赞许的态度。而那时的海灵格已经冲破了许多禁忌，这对那些人来说是一种无礼的挑战。对他们而言，自治和解放是神圣的词语——自主、自由、对抗，海灵格则与其截然相反，提倡联结、爱的序位，但这无伤大雅。

海灵格继续致力于家族系统排列工作，不久以后还将家族系统排列工作在团体中进行实践，直到今天这还是一个争论的焦点。在越来越多的排列案例中，我们仍然可以见到战争在家族命运中留下的烙印和影响。也许这正是他的兴趣的焦点。想想那些因为战争造成的逃离、流亡、屠杀，德累斯顿（Dresden）、多特蒙德（Dortmund）或汉堡（Hamburg）等地葬身火海的牺牲者，在德国还有哪个家庭完全不存在受害者或加害者呢？

家族系统排列揭示出许多令人震撼和耳目一新的事实。譬如，

---

[1] 本书德文版首次出版于2005年。——译者注
[2] 在欧洲，有些关于身心成长的图书在有机食品店出售。——译者注

加害者和受害者彼此相属。在近 30 年的经济奇迹以后，以及受 1968 年反叛思潮的影响，家族系统排列中所用的字句，如"在我心中给加害者一个属于他的位置"，对于刚刚受到熏陶要认识牺牲者的德国民众来说，简直是一种挑衅。

海灵格的足迹遍布世界各地，从以色列到中国，从日本到塞尔维亚，从韩国到澳大利亚及南美洲的许多国家。几乎在每一个国家他都排列了涉及战争、严刑折磨、反抗组织及逃难流亡的案例。海灵格排列的个案案主有：游击队员、印第安人、战争中曾经敌对的双方、抵抗战士与曾经的叛变者。这些工作深深影响了他。

顿然间，海灵格领悟到：转变始于灵魂，转变也仅仅始于我们的灵魂。唯有铲除防御的壁垒，不再排斥加害者，真正的和平才有可能到来。因此，他的工作最终被定性为具有政治性。有些人断定"海灵格侮辱、嘲弄那些受害者"。

海灵格击中了德国时代精神的"阿喀琉斯之踵"，这时是要显示"政治立场"的时候：支持受害者，谴责加害者，这乍看上去是如此显而易见。

之后，在莱比锡又发生了一件事情，可谓每一位治疗师的噩梦：和海灵格做完排列的一位女案主自杀了。我不知道有多少心理治疗师经历过这样的事——这当然是一个需要被保守得很好的秘密。而现在有一个人，被绑在了耻辱柱上。

对海灵格的攻击，从一篇发表在《明镜》周刊上的文章开始："他受过什么职业培训呀？故弄玄虚！胡扯！模仿别人的半吊子！一个脑子有病的守旧派，宣扬倒退的'序位'，强迫新的服从。一个愚弄操纵那些在精神危机时刻寻找方向的人！一个仇视妇女的人……最终，看！又死了一个！"

另一篇文章还声称，海灵格把战争中的加害者称为"人"。之后还曝出更令人咋舌的信息，海灵格坐落在贝西特斯加登（Berchtesgaden）的新居需要装修，施工进程被装修公司拖延，因一时无法找到短期的公寓，他暂时租赁了附近一栋曾被纳粹时期担任总理的人居住过的房子。

因为要写这本书，我去拜访海灵格，他来到萨尔茨堡（Salzburg）的机场接我。我们驱车在不同的乡村和小镇间穿行，随意聊着，突然他对我说："现在我带你去看看我曾经住过的地方。"他将车驶入了一条两侧种满松树的小道，一直开到那位总理曾住过的房子，这栋房子现已成为当地居民的普通住房。接着海灵格先生谈起希特勒御用餐车的故事，他告诉我，首先是蒙哥马利（Montgomery）用过这辆餐车；然后，阿登纳（Adenauer）也用过这辆餐车；之后，维利·勃兰特（Willy Brandt）第一次到东德地区的埃尔福特市（Erfurt）时用的也是这辆餐车；英国的伊丽莎白女王乘着这辆餐车穿行了德国。海灵格先生只说了这些便无多言了。

媒体对海灵格的抨击和歪曲使很多人产生了不安全感。成人培训机构、各种协会全都开始与海灵格保持距离；已经排定海灵格排列课程的社区学院像扔掉烫手山芋一样取消了课程；那些接受排列后身体和心理重获健康的个案受益者，以及熟悉家族系统排列的兴趣爱好者、治疗师或教育工作者突然间都被激怒了，他们不禁自问："难道我们也与战争中的加害者站在一边了吗？"而自我解放和反法西斯主义思想，才是一个诚实、有良知的人必须拥有的最基本的内核。

很多人自问："我是否真的变成了一个愚蠢的神秘主义者？我们是否只是些守旧倒退的疯子？我们是否是旧事物的非政治拥戴者？我们是否被'和平''欢乐''爱的序位'利用和支配了呢？我们曾深深受到感动，这种感动错了吗？我们是否失去了理智呢？我们难道是一群盲目顺服的羔羊，毫不自觉地蒙受他的诱惑吗？我们难道变成了盲从的'信徒'吗？"

很多人因此感到震惊、哑口无言，而认同海灵格的人受到了许多非议。有些人产生恐惧并且疑惑地自问：为什么海灵格对这一切没有表态？

我们的青春叛逆期结束已久，随着年龄的增长，许多当年的叛逆思想如今已进入固定的主流话语体系。但是，在我们的灵魂深处，难道我们长久以来还没有领悟到自主仅仅是一种信条？事实上，我们的自由是非常有限的，而幸运的是，我们有孩子、家庭责任和生活圈子，这些使我们必须脚踏实地。

- 如果我们承认，我们的家族比我们的理想更重要，我们在自主权上会失去什么？
- 如果我们将关注更多地放在自主的另一面，也就是说，如果我们更关注联结，承认我们的生命与许多不受我们操纵，也不受我们控制的因素相联结，会发生什么？

- 不去代替牺牲者与加害者斗争，而是哀悼被杀害的人，这样的想法真的就是反动和倒退吗？
- 难道我们真的不能打破禁忌，将加害者看作普通人吗？
- 去思考在天与地之间，除了我们所认知的，还有其他更多东西的存在，就是守旧和不开明吗？

终生地自我实现、自我解放，思想开明，在今天几乎是必需的。而家族系统排列工作触及这些概念无法到达的盲点。系统牵连对我们的个人生活和职业生涯的影响，比我们所认识到的或愿意接受的更重要。这些洞见是异端吗？或许吧。正如卫道士和权威听众曾经不想了解弗洛伊德的性本能理论一样，政治上正确的主流代表同样也拿出大炮来诋毁家族系统排列。

为何会如此呢？因为海灵格认为，在战争时期几乎所有德国人都在一条船上，无论他们当初的信仰是什么。由此，他触怒了那些认为"加害者是别人"的"好的"德国人。

法兰克福的历史学家格茨·阿利（Götz Aly）把这称为至今还粉饰得很好的防卫策略。在他著名的《希特勒的民族帝国》（*Hitlers Volkstaat*）一书中，他陈述了所有德国人如何从"纵容独裁"中受惠，尤其是工人阶层及平民百姓。他在书中所陈述的受益者的数量，完全推翻了那种将全部责任都推卸给资产阶级、种族主义者或帝国主义者的说辞。德国人曾住进犹太人的房子，睡在犹太人的床上，坐在犹太人的沙发上；德国人吃的面包是用来自波兰的小麦面粉做成的，而彼时波兰人民忍受着饥饿，濒临死亡；德国人一边打开一包包从乌克兰运来的食盐、鸡蛋、肉制品和蜂蜜，一边享受来自比利时和法国的咖啡、巧克力……所有这些奢侈享受都是德国人从占领地买断或掠夺来的。格茨·阿利依据实际的数字阐明了，所有的这些物资使得战争时期的德国人无须忍受饥饿，所有德国民众餐桌上享用的食物都带着谋杀者的味道。那时在德国，无论小的改善，还是重大改革，所有社会福利都是通过抢夺他人，用别国的饥荒换来的。

以上事实还有着另一个完全不同的意义：许多德国人能生存下来其实需要感谢的不是他们自己的母亲，而是那些因为饥饿失去生命的其他国家的母亲、父亲及孩子们。在这样的环境下，与其与加害者（到底谁是加害者）斗争，不如与受害者一同哭泣。这种谦卑的哀悼有什么错吗？

最后一个问题是：若将纳粹主义视作一种操纵，认为它受到不为我们所知的其他力量的操控，这种看法危险何在？为何"希特勒'也被这些力量所支配而服务于这些力量'，其种种残暴的行为是自愿性现实的一部分"这样的说法让人无法接受？要求大众认可这些观点当然是一种苛求，正如我的一位女友说过的："一切都崩溃了，不再有任何支撑。"也许正因为如此，这一观点让一些人感到不安，而使另一些人成为追随者：曾经束缚人们的世界观瓦解了！以那种认识到我们作为个体可能无法控制、决定、阻止或者改变一切的态度来思考战争，是伯特·海灵格带给我们的一种挑战。

从 20 岁起，伯特·海灵格本人就走上了静修和内在净化的道路。他不依附于任何的意识形态。任何对他的工作真正感兴趣的人都可以发现这一点。也许他的道路旨在不让自己迷失于一个被善与恶分割的世界。在当今社会，这种想法确实会使很多人感到不舒服。不然，为什么有这么多的人诋毁海灵格呢？

海灵格要求我们持有一种知性与灵性，去看待罪行、被剥削者，以及剥削别人，却将责任推脱给别人的人。难道这不是一种启蒙吗？这是对神秘进化思想的告别！或者，这只是一种谦逊。总之，这是对无所不能的幻想的辩证理解，我们只需要进行足够的探索、斗争和了解——当然是在"正确的一面"，去解放自己，去抗争，从而让世界上的一切变得更好。

当然，有些对海灵格的批评也是正确的。他粗暴、任性、不可预测、无情、充满挑衅、不听从教导。接受吧，他就是这样一位导师！他的学生都成年了，走向了属于自己的道路。

即便是那些内在地或外在地与这位老人保持距离的人，也不能否认一件众所周知的事实：海灵格通过他深刻的洞见，把系统动力理论中一些全新的观点带给了世界。如今，他的洞见已经成为心理治疗的标准之一，以及许多管理咨询顾问的必备工具。海灵格这种将系统关系在空间中排列出来的方法，已被科学研究证实是一种诊断症结的利器。这是前所未有的。现今的"纠缠"取代了 20 世纪的

"压抑"的心理概念。通过海灵格，我们对于系统中发生的一切，良知与愧疚、联结与解脱、灵魂与存在有了更多的了解。因为他扩展了心理治疗的空间，这比弗洛伊德的理论在经验基础上要更加宽广。而且，这一影响还在日益扩大：因为数百名优秀的治疗师、咨询师及教育工作者正在自如地运用家族系统排列方法工作着。

值得注意的一个反差是：海灵格在德国饱受"疾风劲雨"，在国外却满载荣耀和学术赞誉，这位使人的心灵变得宽广的德国人，通过自己的行动，赢得了世人的尊崇和赞誉。

尽管外界的评判两极化，但他毫不顾忌这些。当人们询问他，是否可以使用不会引起反驳或激怒别人的方法来阐述他的一些论点时，他用强烈的反问句回答道："到底哪一种方法更加有力？"

本书提及了许多很久以来一直存在的批判观点。海灵格一如既往地以他的独特风格做了回答。在本书中海灵格畅谈了他个人生活中的一些经历，同时也阐述了他的许多重要见解。本书描绘了一个不谈政治，致力为心灵成长领域做出贡献的海灵格。

嘉碧丽·谭·荷佛

生命与内在成长

于我而言，一切只与内在成长相关
生命站点

⊙ 您今年即将 80 岁。希特勒当政那年，您才 7 岁，那时的事情您还记得吗？

当然记得。一天晚上，我父亲工作回来，一打开门就告诉我母亲："希特勒当上德国总理了。"他当时非常沮丧，他已经猜到了这对未来意味着什么。不久之后，我们也有了一些亲身体验。我们当时住在科隆，某个周日我们想要去周边的山上转转，我们去参加了早弥撒，然后离开教堂。在我们等待有轨电车时，有一个纳粹人员走过来盘问我父亲，父亲回答了他，他却开始辱骂我父亲，并且要逮捕我父亲。恰逢此时，有轨电车来了，父亲和我们三个孩子迅速上了车。驾驶员立即关上了车门，启动电车离站。那个纳粹人员蹬上他的自行车，咆哮着追赶我们。有轨电车驾驶员在后面的几站都没有停车，直到甩掉了那个纳粹人员。电车上的所有乘客都为司机拍手叫好。在那个时期，这样的状况在科隆还有可能出现，但到后来这种情形就终结了，因为没有人再敢拒捕了。那一年我 7 岁。

⊙ 您 10 岁时就离开家，进入一所寄宿学校，这是为什么呢？

母亲的一位友人听说过这所寄宿学校。这位友人知道我想成为一名神父。我在5岁的时候就清楚地知道自己想成为一名神父。因此，这位朋友对我母亲说："这可能是一个机会。"那所寄宿学校是由玛丽安西勒尔传教士机构（Mariannhiller Missionaren）领导管理的，位于美茵河畔的洛尔（Lohr am Main）。我们住在这所寄宿学校中，并在城中的市立文理高中学习。

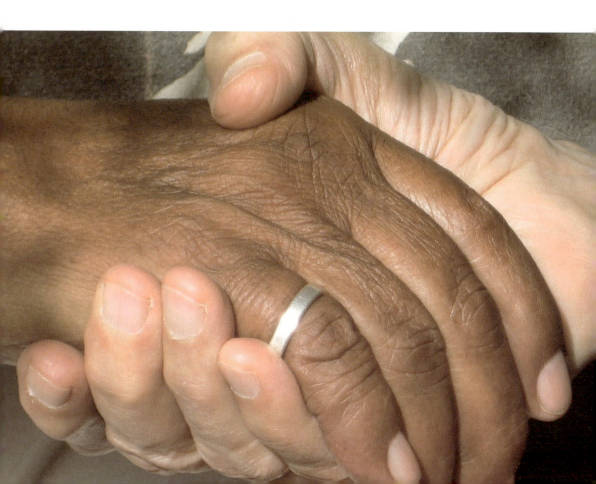

我始终认为，对我来说，我的父母允许我就读这所寄宿学校，是一份很大的礼物。这是我人生中一个极具意义的转折点，当时刚满10岁的我，突然间来到一个全然不同的世界。它给我带来了更多的机会和自由。如果留在家里，我是不可能获得这些机会的。

⊙ 您的父母看法完全一致吗？

我母亲对此非常满意，而我父亲，确切地说，是持保留态度的，但他还是同意且支付了寄宿学校所需的费用。

⊙ 1936年，您进入了这所天主教的寄宿学校。住宿学校的修士们对于纳粹主义所持的态度如何？您当时察觉到他们的态度了吗？

我举一个真实发生的小事为例。在当时奥地利与德国结成政治共同体之后，进行了公民投票选举活动。显然，寄宿学校的一些神父和几个在厨房工作的修女投了反对票。但这次选举不是匿名投票，他们的选票被截留了。选举进行的那天晚上，来了一群举着火把的纳粹突击队员。之后一组纳粹突击部队队员聚集在寄宿学校门前，并在学校的外墙上用大写字母涂上了"这里住着叛徒""我们投了反对票"。接着他们用铺路石砸破了这幢房子的大约两百扇玻璃，石块甚至砸进我们当时睡觉的房间。第二天早上有两位学校工作人员被捕。我们被迫放假回家。

⊙ 您基本上10岁就离开了家,在寄宿学校,有您当作榜样效仿的人吗?

主持寄宿学校的神父和修士都很好。他们尽可能地为我们提供一切:体育活动、外出游览、音乐课、戏剧表演,等等。我学会了拉小提琴,在学校的乐团里演奏,还在合唱团里演唱。我们还有一个很大的图书馆。

⊙ 您当时不想家吗?毕竟学校离家很远。

不想。我放假的时候都会回家。对我而言,寄宿学校时期是段美好的时光。住宿期间我感觉在各方面都受到极大的支持。神父们都喜欢我们,支持我们。我们总是忙于各种活动,完全不会无聊。

⊙ 我们知道,在您的心理治疗工作中家庭是核心部分,而您自己所享受的家庭生活却比较少,不会感觉有点苦涩吗?

在寄宿学校,我感觉就像在家里一样。1941年,这个寄宿学校关门了,我重新回到家里。我父母在我住宿期间从科隆搬到了卡塞尔(Kassel)。我在卡塞尔的家住了两年，当时我 15 岁。

⊙ 15 岁正值青春期。我还记得自己在那个年龄的时候，有一次出去了很久，回家的时候，因为我不服从父亲的管教，父亲给了我一记耳光，那是我最后一次被打。您的青春期是怎样度过的呢？

嗯，您知道，事实上，我们当时已经处在战争期间，没有时间可以花在这类事情上。我的父亲也尽力满足和支持我的愿望，比如听音乐会，看戏剧。他从不限制我。当时我父亲在一家兵工厂担任工程师，每天工作 10～12 个小时，总是很晚才回家。

我们的邻居都是些很有趣的人，比如乌尔镁林（Würmeling）一家人。他们的父亲后来出任了阿登纳（Adenauer）总理内阁的家庭事务部部长。

我记得很清晰！我们家里有六个兄弟姊妹，当时多子女的家庭可以享受火车票减免的优惠政策，就是用他的名字命名的"乌尔镁林优惠"。

乌尔镁林家的长子是我当时的朋友。耶稣会的成员经常出入乌尔镁林家。在这所房子里进行的交谈和讨论给当时十五六岁的我留下了极其深刻的印象。倾听他们的交谈是莫大的享受。他们是基督徒，思想很国际化，很开放，跟纳粹主义截然不同！

我在那里接触到的人都受过良好的教育，富有灵性并且纪律分明。他们身上散发的魅力，使我受益匪浅。

我从未想要成为教师

⊙精神的、理智的自律与顺从无关吗?

耶稣会的成员并不是常见意义上所谓的"顺从"。他们每个人都很独立,呈现的是一种精神上的自由和成长的可能性,这是我在其他地方从未体会过的。

我对这些耶稣会的成员充满崇高的敬意,甚至考虑过成为一位耶稣会成员。但有一件事让我放弃了这个念头:很多耶稣会的成员必须成为教师。我想,我并不需要为了在一所学校教20年的书,而成为一名神父或者加入一个宗教组织。我更愿意选择玛丽安西勒尔的传教工作。但是后来我在南非,还是成了教师!人生就是这样:你越想避免的事情,最终越是会抓住你。

⊙也就是说,您更愿意当传教士而不是教师,比起待在一所学校,您更愿意到世界各地去传教?

是的,差不多可以这样说。当然,那时我并不了解"作为一个传教士"到一个很远的国度传教究竟意味着什么。我当时对此有一种理想的憧憬,与我想冒险的愿望紧密相连。早在寄宿学校期间,我就沐浴在这种环境当中了。

结束寄宿学校的生涯之后，我在卡塞尔市上高中，参加了一个天主教的青年活动组织。在当时，这样的活动是被禁止的，很显然，盖世太保一直监视着我们。

到了七年级期末，我们先被征召去义务工作，然后被军队征召。我刚被征召去工作时，一天晚上单位的主管来我们的住所拜访，寒暄后开始跟我交谈。那个主管也是盖世太保的成员，但我当时一点都不知道。他与我谈到尼采，还有黑格尔。当年我17岁，对这些我知道得不多，但毕竟了解一点，主管对我说："黑格尔已预见了国家的现状。"我回答道："黑格尔对国家有仇恨。"他当着我的面呵斥道："是你对国家怀有仇恨。"那一刻，我才意识到他其实是在试探和盘问。

一年后，我已经在部队里，驻扎在法国。我们这一届高中生的毕业证书是要邮寄到家中的。高中的最后一年免读，因为我们都被征召入伍了。要取得毕业证书，需要一份所在义务工作机构出具的表现良好的证明，而我工作证明上的评语是："人民潜在的敌人。"这在当时意味着"这个人该被枪决了"。因此，我的高中毕业证书未能签发。

我母亲听闻此事后，找到学校校长与他谈话。我母亲对他说："我儿子目前在军队，他冒着生命危险，而您竟然拒绝发毕业证书给他？"校长感到羞愧，将我的毕业证书给了她。我母亲就像一头母狮般为我奋战。

在那个时期我已经与纳粹主义保持了距离，我曾上过天主教的寄宿学校，我整个家庭的状态也能够与纳粹主义保持距离。我的母亲全然不受纳粹主义的诱惑。我后来才意识到，当年母亲能够独善其身是多么不易，是她的信仰使她能够坚持做到。我父亲也是，自始至终抵御了种种压力，没有成为纳粹党的一员。在这方面，我的父母给了我助力。我对父母怀有由衷的崇高敬意。这种坚定的力量并不只来自于我本身的努力，更多是我从母亲和父亲身上承接来的。这种不随波逐流、不屈于社会压力、坚持自己立场的态度，都呈现在日后的各方面中，也包括在南非和我现在的经历中。我保持了一种内在的距离，守卫着自己的自由。也正因为如此，我能够让自己在一个更广袤的场域中移动。

⊙您曾说，有个场域是我们无法逃避的。您刚刚又说，只要有能力保持距离，不受诱惑，就能拥有一种个人的自由。我们该怎么理解呢？

我只是这样描述。是否能够将它定义为一种个人的自由，这是另一个问题。我把这种灵光乍现的领悟视为上天赐予的一份礼物。我时常在刹那间明白：此时此刻，有些事情呈现出来，并已经成为过去。这是一种意识和领悟，然后我就有了去行动的力量。这并不是一个经过长时间思考后产生的决定，也不是因为我跟从了某一个目标，而是我跟从了内在的一种瞬间的感召。在做这些重要抉择时，我都没有自由选择的余地。假如我不那样做，我就是放弃了我自己。

⊙ 那就是说还是存在着人生的十字路口——必须做出一些决定，比如您离开您归属的神职工作，成为一名治疗师，是吗？

当然，人要跟随自己的"命中注定"，哪怕这需要勇气。

⊙ 您之前说，我们都自带使命。现在您又说，我们可以决定听从我们人生中的召唤或者决定停滞不前。这样的说法听起来不是前后矛盾吗？

这样的说法确实矛盾。对我来说，这关于灵魂中某些重要的东西，关于我们重要经历的某个时点，关于我们的本质核心。在那里，我们的一切都是预设的：我们在哪里应该继续，在哪里不能继续。假如我跟随这个核心移动，我绝不可能偏离。在这个过程中，我会获得力量，我与这个内在的核心保持联结。

⊙ 这是一种哲学的观点，似乎无从验证。

这一点没有意义。它会对灵魂发生一定的作用，这对我来说才是唯一重要的事。我推测这个本质核心是永恒不朽的。我的本质核心不会因为我的死亡而终止。我与这个本质核心的差距也不会因我的死亡而消失。家族系统排列中的一些体验已经接近了这些推论。譬如，一些已过世的家族成员，如果他们还有未完成的事情或他们还没有找到自身的本质，那么他们仍会对当下的家族起作用。

⊙ 您是如何感知"注定"的？

当我与命运和谐共振的时候，我的一切皆自然圆满。在这些时点上，我们被一种创造性的移动抓住，它承载着我们。我并不自由，但尽管如此，我不想有任何改变，因为它与我最深层的内在是契合的。这条路可以带领我们获得决定性的觉知。

⊙ 这不是近乎一个神秘的维度吗？荣格把这称为"成为你自己"。

两者的意思确实朝向同一个方向。自古以来在不同的时代，人们一直讨论着这个内在的真实。例如，年幼的孩子最初是与内在真实相联结的。随着年龄的增长，人们才渐渐偏离了这份联结。

⊙ 哪怕被系统纠缠，人们也能同时与自我的本质核心相联结吗？

人们只有通过觉知才能一定程度地解除纠缠。然而即使从纠缠中解脱了，人们也并没有离开系统。

⊙ 那该怎么做？

排列后，过了一定的时间，我们应带着爱去认识系统中与我们有纠缠的那位家族成员，在我们的心里给他一个位置。这样做，我们并没有与他分离，我们继续与他有联结，但我们不再与他纠缠！这种联结会使我们成长。

⊙当您谈起少年时期，您提到更多的是您的母亲，却很少提及您的父亲？

最近一段时间，我越来越清楚地意识到，对我们所有的人来说，决定性的事情是从我们的母亲开始的。当然，在那个时期，我还没有意识到我的母亲对我来说到底意味着什么。

直到多年后，在一次心理治疗中我才意识到，我母亲自始至终都在。也是在那次治疗中我才真正意识到，这具有怎样的意义。她做饭洗衣，缝缝补补；她任劳任怨地做了所有的一切，天经地义般自然；她也会为保护我而与外界抗争。我的父亲很严厉。小时候，父亲的严谨有时让我觉得有压力感，很多年之后，我才领悟到父亲的这份严厉对我的重要性。我有过一次很关键的经历。在伯克利（Berkeley），我曾向一位著名的心理治疗师斯坦利·克莱曼（Stanley Keleman）谈及我的青少年时期很沉重，斯坦利只是笑着注视着我，然后对我说："但是你很强大呀！"刹那间，我忽然意识到我身上这股来自我父亲的力量和他的严厉对我的重要性，我与他深深地联结了。

⊙您并不是一开始就能意识到这一点？

如同所有的孩子一样，这是一种成长发展。

其实，我并未经历青少年时期就长大成人了

战争

⊙ 您17岁时被认定为"人民潜在的敌人"，在同一年您应征入伍。当时您的感受是怎样的？今天的年轻人高中毕业后，都会计划着海外旅行、职业实习、海外深造或到南美洲做社会义务服务，相比于他们，您当时的自由被大幅度地限制了！

当时的我根本无暇思考现今所谓的"自我实现"。其实我基本上没有经历过青春岁月就长大成人了。在我身上，这个阶段未曾发生过。当20岁的我从战场上回来时，我几乎一半的高中同学都已丧生，我的哥哥也是。今天的人们无法想象这一切意味着什么。这是一种完全不同的生命感受。但这段经历也让人获得一种特殊的力量。

在那个时期，我被一些我并不知道究竟是什么的力量驱动着，我被某种东西感召着。在所有的系统中，都存在着一定的压力，这种压力旨在完成系统中一些未完成的事物。譬如，家族系统对某个后代家族成员施加压力，使他为其祖先解决一些问题。家族系统推动某些家族成员趋向我们称为正面或负面的发展方向，被这股力量推动的后代家族成员并无法做出自己的决定。

⊙什么是"正面",什么又是"负面"呢?

正面就是一个人能够对其他人做一些好的事情,一种普普通通的生活而已!和某人结婚、生子,支持孩子成长独立,这是一项伟大的事业!这个人是在与一个好的、正面的移动和谐共振。

负面就是在某种情况下,一个人有可能成为杀人凶手,无处可逃,不能自主决定。他被一些更高层的力量支配,为这些力量服务。

⊙您提到"正面"和"负面",似乎是一种价值判断。当您提到凶手的时候,是可以这样理解的吧?

我这样说是因为我们经常这样做。对我来说这都是一样的过程,两种都不是自由的。不管是在好事中,还是在坏事中,人们都没有自由。不管好事还是坏事,我都一样看待,并无偏爱。它们就是这样,如其所是,是命运在每个人身上的呈现。这是人们各自的系统,驱动着每个人。由此产生的强大的移动支配着个人，牵扯着他们，或者就像社会形态一样，支配了整个民族。

⊙ 这是您当时的亲身体验吗？

在这场战争中每个人都身不由己，我被迫与一些我不能逃避的东西联结在一起，我随时都有可能丧失宝贵的生命，死亡的危险无处不在。直到今天，我自己都还觉得很惊讶，自己是如何从那样的情境中逃出来的。

那个该死的德国人,到底藏在哪儿
逃亡

⊙您是如何逃亡成功的?

我当时在西线的战斗部队中,我身边的很多战友或倒下牺牲或身受重伤。我自己也常常与死亡擦肩而过。譬如,我们不得不穿过一片雷区,因为没有其他任何出路。在亚琛附近我被美军俘虏,并被送到位于比利时的沙勒罗瓦(Charleroi)的战俘营关押。那里大约有1600名战俘,每天在一间庞大的美军补给仓库工作10个小时。作为对战俘的惩罚,在艾森豪威尔的指令下,我们每天伙食内的卡路里含量,只有身体承受如此繁重工作所需的一半。

我们每天装卸搬运上百万吨美军的补给食物。由于伙食不足以充饥,我们就偷窃食物作补充。盗窃时被抓到的人,会遭受严厉的惩罚:关禁闭30天。关禁闭时,每晚有50个人挤在一个狭小的空间,人在其中既坐不起来也躺不下去,而白天必须工作12个小时,每天只能吃饼干,早上是5块,中午是4块,晚上是5块。

我第一次被抓到时,不知什么原因,仅仅禁闭了5天就被释放了出来,我当时并不知道为什么。在这个禁闭室里,没有任何一个人能够撑得过30天。通常被禁闭10天或15天人就倒下了,这种惩罚手段是极其严酷的。

有5位战友试图逃亡，他们试图穿过铁丝围墙逃走。但是他们被抓住了，在围墙边被就地枪决。后来我又在偷食物的时候被逮到了，这次我被关在一间无窗的营房里，每天得到的伙食只是粗面包和水。当时正值严冬，我们都没有铺盖。

那时被捉到的战俘必须在地上挖个坑，被毒打也是家常便饭，然后被关进营房，剃光头。我那时也挖了坑，有个美国大兵在我身边静静地走来走去，但我没有被毒打。我进了禁闭室，这次被关了7天，没有经过任何严查审问便被放了出来。我当时也没被强迫剃个大光头。真是奇怪。

⊙您如何解释这一切呢？

在当时我也犹如置身迷雾当中，无法解释这一切。我有一个朋友，他在那个战俘营待了更长的时间，在我成功逃脱后，他告诉了我缘由。原来那个"美国人"——我的看护者，是个德国犹太人。当然他听得懂德文，但他从未表现出来。很多战俘嘲讽他，比如说他是同性恋或类似讥讽的话。我总是对这些人说"你们不能这样说"。当然，我们当初以为他不懂我们的对话。实际上他全部都听得懂，因此他后来保护了我。

当我从禁闭室被放出来，没有被剃光头时，我心想：这是一个征兆，我的监狱生涯该结束了。在被放出来5天之后，我逃离了战俘营。

⊙ 您也试图穿越铁丝网逃亡吗？您是如何成功逃离的呢？

我躲藏在一列预计开往德国的军需补给火车上。在一节车厢中，我的战友帮我在货箱底下造了一个躲藏处，这样就不太容易被找到。那列火车装满了货物，美军当然不会因为一个战俘不见了，可能藏匿其中就卸载整列火车。这列火车在这个补给站停了一整天。当晚一些美国士兵搜查火车，试图找到我。我听到他们的咒骂声："那个该死的德国人肯定躲在火车的某一个地方。"但是他们没能找到我。我藏身的那列火车行驶了6天才从比利时的沙勒罗瓦到达德国。火车行驶到乌兹堡（Wurzburg）附近时，我才从藏身处出来，跳下火车逃离。对我来说，战争及战俘营的境况到此结束了，那时我在战俘营已经被关押了一年。

在我的生命中，发生过多次类似的情况——我服从内在的一种指引，做出决定，因为我知道，此时迈出的这一步是恰当的！

⊙ 您是如何觉察到这些的？

通过内在的一种全然的确信。在这些时刻，我知道：人生的这一篇章已经结束了，因此，我没有片刻的犹豫。

这并不是一个自由的决定
教会

⊙您当时是个19岁的年轻人，对于职业的选择，您是否有同样的确信？

我在很年幼的时候就很明确。我在五六岁的时候就想成为神父了，我从战俘营回来的六个星期内就进了教会。

⊙当初没有任何人对你说："你真的想成为神父？"

没有。当然，我生活在一个信仰宗教的环境里。当我回顾往事，我知道这个决定也跟我家族的纠缠有关。因此，这不是一个自由的决定，而是在我的系统中注定了的事情。

⊙我猜想，在回顾自己一生的经历时，许多人会发现他们所经历的人生是被某种力量引导的。您在80岁时是这样说的。但是，在当时那些情况下您自己有感觉吗？

没有，人们是无法感觉到的。在一个家族系统中，人们的觉察是有限的，是被那个场域固定的。但当我回顾自己的人生经历时，我并不后悔。那些路程都有它们的意义。我丝毫不想错过其中任何一段,是这些经历让我成为今天的我。

⊙因此您进入了教会,这段经历如何?大部分人都无从想象,一个人该怎样学习成为一名修士。

我进入教会后，经历了一年所谓的"见习期"。这第一年是对人们进入精神和灵修生活的入门引导。我们所做的只有冥想、集体祷告、读灵性书籍以及听一些讲座。我当时对西方的神秘主义非常着迷。

⊙当时的冥想和我们现今想象的冥想一样吗？还是有什么不同？

天主教的冥想是对《圣经》的经文进行的，没有唱颂或祈祷。有时也会对一则寓言、一个故事或一次"受难"进行深思冥想。对我来说，这也是关于灵修历史和灵修练习的引导。

这是一种内在净化。我们练习完全专注于一件事。这是一种很严格的训练。

一段时间之后，我们不再做这些不同的练习。譬如，我们不再做祈祷。我们只是简单地看着，安静而专注地进入"空无"。这是一种"归中"（Sammlung），在某种程度上与现象学中"洞察"的基本态度相似。

⊙可以谈谈你们每天的日程安排吗？

每天早晨，我们做半个小时的团体冥想，接着进行晨间弥撒，每天有多次的集体唱颂祈祷，其间穿插个人单独进行的冥想。在一整年的时间中，我仅仅专注于这些修行，没有别的事情可做。那些漫长的练习，是我进入灵性生活的启发引导。这一年结束之后，我决定继续留在这个教会里，定下了为期三年的"誓约"，是接受安贫、贞洁、服从的誓约。三年的修行期满后，可以许下终身的誓约。

⊙ 冥想的方式会有所改变吗？

当然，人们在不断进步。

⊙ 这些进步表现在哪里？

表现在归中。作为修士，他整个一生必须如此地修行。同时，这是对更深层的内在自我觉察的准备。深层的觉知需要归中。现象学方法中的"看向"，就是从这种归中而来的！这意味着：密切地关注一件事，直到那些隐藏的东西通过我们内在的慧眼揭示出来，呈现出它的本质。

⊙ 您在做排列时经常使用"归中"这个词。例如，您说："排列一下，请保持完全归中。"人们如何才能做到归中呢？

我们可以通过净化达到归中，基本上类似佛教徒的打坐冥想，没有什么不同。保持归中，超越我们的意图。从这个意义上说，归中是我们被赐予的礼物。净化从感知的模糊昏暗开始，我们将自己的注意力从我们的感官觉知渐渐转移开，使自己不再被那些来自视觉、听觉、嗅觉等感官的信息打扰而分心。心智的净化随之到来。

⊙ 闭上眼睛，阻断视觉；保持静默，不再听闻。"心智净化"

的含义是什么？

所谓的心智净化是抛弃所知，放下好奇，抛弃所有的起心动念，这种净化使自己能够进入不受外界影响的状态，不受感知的影响，也不会被思想左右。

⊙ "不被思想左右"的含义是什么？

心智的完全净化意味着：不再被恐惧左右，也不受任何理论、意识形态或宗教信仰的影响。人们在一定程度上可以练习这种心智的净化。然而，那些生活的处境增添了黑夜，在这个黑夜里，人们似乎被"上帝"抛弃，"上帝"不再承担任何角色，人完全沉浸在昏暗中。但正是这个昏暗的黑夜构成了个人决定性的净化时刻。

⊙ 那是生活所造成的挫折，我们无法预料，无法期望，也无法预先修炼准备自己。您在德国所受到的抨击，也是同样的挫折吗？

有时，我会这样认为。在这个昏暗的夜晚，当下的一切都瓦解了。

⊙ 我很想明白这一点，昏暗的黑夜与被"上帝"抛弃，或与没有得到父母的庇护一点都没有关系吗？

当然有关，但人不能再继续被自己抛弃，不能再有一贯的欲望。人能让自己从内在自我制造的"上帝"画面中得到净化解脱，从对"上帝"的期望中得到净化解脱。这样我们可以走向另一条完全不同的道路，到达一个不同的层面。在这条完全净化我们的感知、净化我们的心智和净化我们的愿望的道路上，我们最终能达到深层的意识领悟。

我这里所描述的不仅仅是天主教的修行，更是全人类的共同感知。在所有的宗教里，一些人选择了这条道路，得到了净化的引导。

⊙佛教中常提及"成空"，这与您提到的"归中"相符合吗？

"成空"与"归中"是相辅相成的。其实我想要描述的也是"成空"，某些事物的"成空"。具体的过程是怎样进行的呢？当我们接受一切，接受一切如其所是，我们就成空了。这种接受是一种爱的移动。

⊙我们合著的第一本书是《一切如是》(*Anerkennen, was ist*)。现在您说："接受一切，如其所是。"两者之间有何不同吗？

这种接受必须毫无遗憾地放弃什么是更好与更坏的比较。例如，不悔恨过错，没有苛求，没有期望，没有谴责地去接受，接受这个世界如其所是。只有如此接受才能够使"归中""空无"与"圆满"同在。成空使阻碍我接受一切的障碍消失，反之，接受一切容我成空。只有当我能舍弃所有的个人欲望和个人意志，处于全然接受的状态时，我才能让自己完全地面对真相。

此刻，事实的真相开始展现它的原貌。假如我想从它那里为我个人索取什么，它就会退隐。当我不再凌驾于它之上，它就会显示最重要的本质。在希腊文中，"真相"一词，其含义是"不被隐藏的"。因此，真相在我之外，它不在我之内，也不在我的结论中。它来到我这里，只向我显示它的一部分，而不是其全部。

⊙ 您所描述的是现象学上的做法，很有哲学意味，但有点抽象，不太具体，也不能引导实际的行动。

在认知的道路上所显示出的哲理，总会引向一个具体的行动。我们以这种方式获得的认知使一个新的行动成为可能。假如没有应用，这种认知就是虚无的。它会对我们重新关闭。

⊙ 如何在具体的家族系统排列语境下去理解它的含义？

家族系统排列是可以实际应用的认知。通过家族系统排列这种方法，许多认知得以在行动中实践。

譬如，很多人经常批评我不但不谴责加害者，还给他们在家族中留了一个位置。而这就是家族系统排列给我们带来的认知之一。

假如我接受一切如其所是，不去判断，我对加害者的态度，也只是这种认知下的结果。

⊙您当时仅20岁，刚从战场上回来就踏上了这条道路。对现今的人来说是很难想象的经历。您一直喜欢这种生活吗？练习修行，冥想祈祷，静思……这毕竟是很特殊的生活。

当然，我整个一生都持续走在这条道路上，即便是在大学主修哲学及神学期间，我都是与修道院团体的其他成员一起，每天早晨做静思及祈祷，然后我才去大学听课。

⊙您所陈述的修行生活与一般人想象的宗教团体的生活画面很不相同。通常，人们以为修士们苦修、学习和祷告是为了学会如何去转化别人。用通俗的话来说，修士们被传授如何看护迷途的羔羊，如何聚集这些羔羊。

有关这个主题，很多人都有古怪的想法和奇特的画面！其实，宗教修行都遵循着一个古老的灵性传统，这个传统已经受过考验，证明其价值所在。然而今天在一些教会组织中这种传统似乎已经丢失了，许多人已经忘记了基督教灵性的根源！这与所有重要的宗教相同。那段修行生活对我个人来说是十分珍贵的，当我回想起那段时光，我总是怀着感恩之心。

我当时毫无概念
作为玛丽安西勒尔传教士的一员

⊙您在非洲的经历如何？您在非洲时是否也保持着相同的生活方式？

是的。

⊙这意味着，您以这种方式生活了25年之久！一直到您45岁那年离开教会，是吗？这真是一所生命的学校！这可不是别人能够很快模仿的。

是的，我也有同样的看法。这种生活方式需要极高的自律性。

⊙因为这广阔的世界在向您微笑，您最终决定进入玛丽安西勒尔教会，而没有选择耶稣会。您是否同意人们对传教士的看法：传教士必须传播耶稣基督教义，去转变异教徒回到主的怀抱。

其实，我当时毫无概念，不知等待我的会是什么样的状况。总之，现实与想象总是有极大的差别。我到了南非之后才真正看到，身为传教士意味着什么。我当时最着重做的是文化教育工作。

玛丽安西勒尔教派是自特拉普斯特教派发展而来的。一位南非当地的主教从奥地利请来了一位修道院的院长，要在南非建立修道院。这位修道院院长名叫法兰兹·约瑟夫·伐奈（Franz Josef Pfanner），他以前是特拉普斯特教派的。玛丽安西勒尔是他建立的修道院的名字。

特拉普斯特教派修士在日常生活中只做两件事：祷告和工作。这个教派的修行方式是沉思静默式修行，非常严格。他们不做传教士的工作。每个特拉普斯特教派修道院都以自给自足的方式运转。这也就是说，他们必须自给自足，他们是农业耕种者和手工艺制造者。他们有自己的发电中心、水源、手工作坊以及土地。

⊙每个修士都必须从事生产工作吗？

特拉普斯特教派遵循神圣的本笃会教义，最基本的本笃会规则是"Ora et labora"，意思是祈祷及劳作。对特拉普斯特修士而言，工作以及艰辛的劳作在他们生活中占据极重要的位置。玛丽安西勒尔修道院迅速扩展成特拉普斯特教派在全球规模最大的修道院，共有300名修士，其中大部分是没有经过神学教育培训的修士。有很多修士是手工艺工匠，只有几名是神父。

过了一段时间，修士们开始与当地居民接触。他们教本地人农作，建立了学校，传教士的工作以这样的形式开始，许多当地居民接受了洗礼。他们创建了许多教区，作为传教士，特拉普斯特修士无法再遵守他们严格的本笃会规则。修道院因此转型为符合传教士工作规则的修士修会。

　　到了当地我才明白传教士的工作是什么，比如建立学校，指导当地人农耕——南非当地的土著祖鲁人是游牧族民，以蓄养牲畜为生，一点都不了解有关农耕的知识。传教士的工作首先是传播文化的工作，在传播文化的同时传播天主教的知识。渐渐地，许多天主教教区在各个地方扩展建立起来。

⊙ 因为这些教区的建立需要神父，因此您就去了那里？

　　一到了南非，我首先被派去上了三年的大学，为进行高中教育工作做准备。随后，我在一家学校担任了一段时间的校长。最后，我被派往一个大的教区中心进行传教工作。这个教区有十个附属的外围教区，我必须定期去探访这十个附属教区。另外，每个附属教区还建有一所学校。

⊙ 您并未从事农耕工作，而是成为一名神父和教师，这个工作中有什么美好的地方，令您满意呢？

　　我可以有所作为，人们当时心怀感恩，他们学习新的知识、自我发展。教徒和神父之间的关系充满信任，非常美好。在回德国小住之际，我总是很明显地感觉到两地在这个方面的不同之处。在德国，除了做弥撒的时候神父与教徒有些互动，其他时间神父与教徒很少接触。这种状况与我在非洲传教工作中的经历相比，有时让我感到沉重。在非洲的传教士的工作更充实，更令人满意。

我时常想起那些为帮助非洲发展而去那里工作的人。20世纪70年代末期，我曾经在广播电台采访过这些人。她们也告诉了我同样的感受。当她们谈到非洲的生活经验时，眼里闪耀着光芒。她们回到德国之后，都表示很难适应冷清的德国教会生活。

在非洲的生活更有生气。在我第一次的传教士工作中，我和一位搭档一起工作，定期去访问附属教区。我们通常步行前往，有时骑马前去，很少开车。后来，我得到了一辆摩托车。这辆摩托车让我的工作轻松很多，要知道教区的路非常崎岖难行。

当我到达一个附属教区时，所有的教徒会聚集在一起，我们一起做弥撒。对他们来说，这是一个节日。我们的探访通常是一整天，然后隔天再前往下一个附属教区。每个星期日我们会先在总教区做弥撒，然后到附近的某个附属教区去主持弥撒。那个时候我很繁忙。

后来我成为教区大教堂的神父。我花了一年的时间，家访了我负责的教区内所有的家庭。我拜访每一个家庭，与他们中的每一位成员相识，在这个教区内共有一万多名教徒。那是一段非常美好和充满活力的经历。

⊙ 您对当地天主教徒的印象如何？当地的教徒与非天主教徒有什么不同？

人们很容易分别教徒与当时我们所谓的"不信教的人"。天主教徒的脸看上去更加友善和开放。许多非教徒通常防御心强，内心很封闭。他们害怕魔法，接触起来让人感到沉闷紧张。天主教的教徒更自由、更独立。他们经常在会议中自愿发表意见和表达思想。无论在教堂还是在学校，他们都共同参与所有的活动和计划，教区的气氛充满活力。

⊙ 当地的教徒信教后是否与他们原先的部落，以及他们固有的习俗仪式有冲突？

在我服务的教区中，绝大部分人都已经成为教徒，但不一定都是天主教的教徒——那里也有很多基督教的传教士。当地不信教的人已占少数，他们已经有自我发展进步的机会，尤其是加上学校的教育学习。

⊙ 您所描述的经历，似乎一切都进行得很好，所有发生的一切都是积极喜悦之事。您现在已经将近80岁，与自己的生命已经和解了。但有时，人们讲述自己的错误和疑虑也不失为一件美好的事，因为其他人可以通过他们的讲述受到启发，得到经验。因此，我想询问：什么是伯特·海灵格传教士生活中的疑惑？

我在南非度过的那段时间一直都很顺利，我全情地融入工作。后来，我被任命管辖所有主教教区内的学校，并且负责学校教师的进修培训工作。在非洲传教工作的末期，我在玛丽安西勒尔的当地精英学校担任校长，这是南非一所著名的学校。这份工作对我来说是一段很特殊的经历，也是在那个时期，我接触到了对我帮助极大的团体动力，使我的个人成长和发展得到无限的滋养。

⊙您这么喜爱在南非的生活，为何最后还是决定回到德国呢？

当时我对神学很感兴趣，也对神学的最新发展颇有研究。我当时主持传授的宗教课程也注入了这些神学新知。因此，有些人责备我不再按天主教会的正道传授神学。我的上级主教也被这些批评所影响。因此我决定："既然你们不再信任我，那我就辞去现在担任的所有职责。"

⊙您那个时代所指的现代神学是什么？

我的专修是"圣经研究"。现代的《圣经》注释给许多圣经内容带来新的启迪。例如，有关圣诞的故事与历史事实基本上没有关联。

保罗书信也同样如此，许多阐述并非来自保罗本人。时至今日，这些《圣经》中的众多争论之处已显得无害并且过时了。总之，我辞去了我当时所有的职务。

⊙即使在南非发生了这一切，当时在德国的玛丽安西勒尔修道院还是邀请您成为神学院院长，对吗？

这真是个奇特无比的矛盾之处。在南非我已经被认为是半个邪教异端人士了，然而在德国，相关机构需要我去培养未来的神父。我就是因此回到了德国。在那段时间我开始接受有关精神分析的培训，其意义对我而言近乎是"迈向了新的彼岸"。我一直对心理治疗有非常浓厚的兴趣。我的人生总是在延续它自然的发展，之后我离开教会也是这种发展的一部分。

⊙在南非时哪些人视您为邪教异端人士？

只有少数几个人这样认为，不过他们是一些有影响力的人。我深受当地居民的欢迎和爱戴。对于南非种族隔离政策，我清楚地表达了立场，南非人可以很清晰地看到我身上"不虚伪"的特征。我始终按自己认为正确的方法去行动，我从不逢迎妥协。

当时，作为传教士的我在另一个场域中工作。即便我当时对"场域"还一无所知，但是我很清楚地感觉到，我不能随便地介入另一个"场域"。

⊙ 您是指作为一个白人在黑人的场域吗？您是怎样做到毫不带有殖民主义者或者传教士的态度去工作的？

我们彼此相遇，相互尊重。作为一个白人，我从未想要成为一个黑人，或者说他们的语言。也因为这样，他们都对我很尊重。同时，我也从他们身上学到很多。我对他们充满敬意，他们中的许多人都使我印象深刻。

⊙ 有哪些具体的令您印象深刻的事情呢？

首先，那里的人们对自己父母的尊重，使我印象非常深刻。其次，母亲照顾孩子时给他们带来的安全感，也让我印象深刻。她们没有什么亲子教育的困难，这些问题不存在！她们会很自然地满足孩子的需要，母亲们总是非常细致地关心孩子。再次，他们对他人的尊重也让我印象深刻，那里的每个人都活得很有尊严。最后，教友团体聚会时大家的交流方式是相互交换意见，热烈地讨论，直到问题被解决为止，他们这种在团体中坦诚沟通的方式使我印象深刻。

⊙ 您是一位经历过55年沉思祈祷、静坐冥想、教学及心理治疗工作的人，对您来说什么是生命中最重要的部分？

内在的成长永远是最重要的。我在非洲的生活经历对此做出了极大的贡献。

⊙ 在南非时您对神学的兴趣是如何在实践中表达的？

如何准确表达你想要传递给对方的信息，我一直对此很感兴趣，在这方面我也有所成就。在宗教课上，我使用许多辅助工具进行教学，也用了很多方法让大家准确了解天主教的礼拜仪式。我还在当地土生土长的神父和教师的协助下用祖鲁语编写了许多礼拜歌曲。我们当时编写的歌曲至今都还在传唱。

⊙ 当时，您是否确认内心的成长仅仅通过天主教的信仰就可以完成？

我很快就意识到，那些不信教的人也都是良善的人。是否良善不只是因为宗教信仰，更多的是与个人的生活经历有关。

⊙ 在您的生命历程中，您是否有这样的时刻曾对自己说，这件事，我搞错了，我走在了错误的道路上？您遇到过从未犯错的人吗？

我的错误与心智有关，与人生道路无关。我最终自问：我们真的可能走错路吗？在非洲时我感觉自己走在正确的路上，我也从未后悔过。当时我甚至想象自己会一辈子都留在南非，也从未有过重回德国的奢望。更确切地说，由于后来发生的情况，环境的逼迫才使我回到德国。

⊙ 与南非告别，对您来说是否很困难？

告别对我来说从来不是件困难的事。我总是能立刻地转变方向，面对前路。

⊙ 1964 年您了解到团体动力，这也是您第一次接触到心理治疗的领域，这是您人生的一个转折点吗？

总之，这是我人生发展的一个重要方面。普世圣公宗的神父组织了这个团体动力的培训课程，来参加的人有黑人、白人、印度人、天主教徒以及基督新教教徒，大家聚集在一起学习。这个团体的成员来自不同的宗教，没有种族界限，这在当初是无法想象的！

⊙ 原因何在呢？

在一个实施种族隔离的国家，不同种族及不同宗教信仰的人能齐聚一堂，这是一段令人难以置信的经历。根据个人的宗教信仰和种族来区别每个人的想法，在这里彻底失去了它的意义。

我是天主教徒，对于普世圣公宗这个教派并不了解，也从未接触过。直到那一次我去到那里，观察到他们十足的虔诚，我深受感动。忽然间我意识到，我们在同一条船上，并拥有着我们各自的位置，那些肤浅的个体差异，比如不同的肤色或是不同的宗教信仰，都无足轻重了。

当时我生活在天主教的世界中，非常封闭。我依然清楚地记得自己刚到南非，开始攻读第二个学位时的状况。我来自乌兹堡大学，20世纪50年代后期攻读神学的学生是很受人尊重的。当时我对这种备受尊敬的身份已经习以为常，然而在南非，我忽然间成了众多学生中普通的一员，不再享有特殊待遇。我当时仍然确信只有信仰才能使人变得良善。但我竟然观察到大学里的一些没有宗教信仰的教授也非常善良！这成了我人生的第一个大转折点。突然间我意识到：到底是什么想法使我受到了愚弄？

当我开始学习团体动力时，我已经在掌管南非最大的一所黑人学校。

助人还是自我实现，牺牲奉献的目的何在
团体动力

在第一次的训练课上，发生了一件对我来说很关键的事。培训师向我提出一个问题："什么对你来说更重要，是人还是理想？你选择牺牲哪一个，为理想牺牲人还是为人牺牲理想？"我意识到，在我传教士的工作中，我经常忽略了人。这个顿悟对我起了决定性的作用。从那一刻起，事情彻底转变了。

我把团体动力运用到学校的实际工作中，这是我走向心理治疗的过渡阶段。我进入了探索心灵的领域。

⊙ 在这以前您是如何工作的？您是否更注重理想？

是的，这是教会的态度：教会宣称一种信仰或者某种道德观念，好像这种信仰和道德观念对每个人都有价值。教会要求那些想被拯救的人去遵循这些信仰和道德准则。我有幸接触到普世圣公宗的培训师，才能领悟到"人"才是最重要的，我由衷感恩普世圣公宗的培训师。

⊙ 在您以前的工作中您对理想更感兴趣吗？您能举一些例子吗？

我可以告诉您我身上因此发生的变化。回到德国之后，我负责管理在乌兹堡的一个神学院。这个神学院专门培训将来会成为神父的学生。但我内心清楚，自己不能再像以前那样对待他们了。假如我们更看重"人"，我们就不能再继续像以前那样（去培训他们）了。为了让他们今后在职业上有自由的选择，我建议所有的学生除了学习神学以外，再专修另一种手艺或职业。我不想把这些学生再"制造"成神父。我希望他们每个人今后在选择职业时有另一种可能性，希望他们能够真正自由地做决定。

　　在心理治疗行业也一样，当一个人被培训为治疗师时，也存在着他会为一种理想而牺牲的危险。比如当他必须按照这种治疗流派特定的理想治疗方法去做治疗时，他没有权利偏离那些规则。

⊙ **在所有的职业中不都是这样吗？法官、医生、教师，等等。**

　　不一样。教师、法官或医生，他们主要是学习如何去工作，无须改变心灵层面的东西。心理治疗的不同流派强制我们保持某种观点，新的洞见会受到排斥，甚至被禁止。

　　这就是为什么我不属于任何心理治疗流派的原因。我也曾经有过归属这个或那个心理治疗流派的想法，感谢上天，我最终未能实现这一点。也正因为如此，我对于洞察的接纳，在一些范围内是不受任何框架所限制的。

⊙ **也可以说您创立了属于自己的心理治疗方法，不从属于任何**

一个流派。但是，由于您做出的贡献，您的治疗方法还是成了一个"学派"。

即使这些治疗方法使用的是我的名字，它们也不是我个人的流派。我没有创立任何来自我个人的东西。我只是跟随了自己的那些领悟。我分享了这些认知，也展示了如何应用它们，仅此而已。

⊙是您传播了这些认知。

这样说有些夸张，我只是分享了这些领悟。

⊙传播与分享对您来说有何区别？

传播包含了某种使命性的热忱，而分享就只是简单的分享！两者区别很大，对于这点我非常明确。

⊙您从非洲回到德国之后，成为神学院的院长，您当时不仅仅是传教士和神父，同时也是团体动力培训师，这给您带来什么变化？

回德国之后，我开办了团体动力的课程。当时在德国，团体动力还是一种新的方法。我在团体动力方面已有了丰富的经验，尤其是在实际应用中。很快我就成了团体动力这个领域的一员。很多人要求我为他们做这方面的工作，我也因此有了一个新的立足点。突然间，我不再依靠我的修道院，也不再依靠教会。我可以在必需的

时候挣钱养活自己。这在当时对我来说是至关重要的，也是一种崭新的经历。

⊙在20世纪70年代初期，作为一名天主教的传教士去主持团体动力的培训，一定构成了一种文化冲突吧。如今，参加这样的团体治疗已经成为正常的活动，但在那个时期，尤其是在南非，以传教士的身份来做这些简直不可思议！您从自己身上学到了什么？

我学到了我是团体中的一员，我既依靠团体也对其有影响力。我对自我的看法，以及对自由选择的看法得到了纠正。这是一个重要的成长过程。

在那个时期接受成为神父的培训，将我们置身于一个精英当选者的特殊位置，这样很容易让我们失去与其他人的联结，因为我们总是高高在上。在团体动力工作中就不同，大家全身心地投入其中。顿时，我成为这个场域中的一员，在这个场域中每个人都有同等的重要性。每天在其中的体验对照，迅速地扩展了我的灵性视野。

⊙ 在与他人的关系中您学到了什么？

团体动力是一种非常卓越的方法，但这个方法的成果与团体领导者的内在姿态关联很大。

⊙ 关联有多大呢？

问题是，要明确领导者是否能够带着爱对参加的学员敞开自己，领导者是否对每个人的成长发展真切地关注。团体动力对我来说是一个里程碑，这种影响延续到我对现在团体的引导工作中。我从其中获得了一种新的专长。

⊙ 这一点在您当时的日常工作中是如何体现的？

有一天，有一些准神父来问我是否同意他们在自己的房间里接待女性朋友。这可能是某种玩笑或试探。在那个时期，这样的举动是根本无法想象的，尤其是对未来的神父来说。这样做等同于打破禁忌！我回答道："我本人愿意准许你们这样的要求，唯一的条件是，你们必须得到所有其他住宿的神学院学员的同意。"我让责任回归到他们自己身上，不替他们承担这个责任。他们立刻意识到：首先，他们不能抱有任何希望了；其次，他们无法像套住驾车的马那样将我套住。

另一件事情是，我在罗马的上司有时下令让我转达他们对神学院学员的指示。我回答他们："欢迎您亲自前来向他们转达。"没有任何一个上司曾亲自来转达他们的指令！在那个时候，我已经清楚地观察到，这些人将自己的责任推卸在别人身上的机制，他们以此来逃避自己的责任。我看透了这些，并做出了恰当的反应，避免了很多不必要的麻烦。

我要离开
神职生涯的结束

⊙我很想知道您是如何转向心理治疗职业的？

不久以后，我观察到团体动力已不足以促进我内在的成长，我还需要做一些其他的工作。我开始接触心理分析，首先是对我自己的心理分析，之后，我参加了心理分析的培训。这个进修与当时我所在的教会没有冲突，我的教会上司同意了这个培训计划。我当时非常确定，而且在经济上独立，因此我的教会上司意识到他们在这方面无权干涉我。我在维也纳参加了心理分析的培训课程，并住在了那里。

⊙当时您仍然属于教会，是吗？

是的，他们给了我进修的自由。

⊙谁支付费用？

我自己支付。我是团体动力的领导者，在经济上我是独立的，总之，我当时是得到教会上司的许可的。

对我来说，下一阶段关键的一步是与路德·库恩（Ruth Cohn）女士的相遇。她在一个心理治疗师的团体中提到了格式塔（Gestalt）疗法。当时这种治疗方法还不为人知，她想为我们做示范，于是问道："谁愿意坐上这把'热椅'？"

⊙ "热椅"是指什么？

"热椅"是指接受治疗师治疗工作的个案案主所坐的那把椅子。在这把椅子上个案案主可能会感觉到很"热"（指各种强烈的感受）！

我坐上了那把"热椅"，库恩女士为我做了治疗，那是一次非常出色的治疗工作。在她的支持下，我看向自己的未来。在这场治疗中，我非常清楚，我将离开神父和教会的工作，我会结婚。路德·库恩要求我在团体中转一圈，走到每一个学员面前对他们说："我要离开。"这一幕使我非常感动，离开教会的决定就是在那一刻做出的，但是，真正付诸行动的时机尚未成熟。

我继续过了四个月往常的生活，尽管在内心深处我已经明白，神父生涯对于我来说已经结束了。不久之后，我去罗马主持教会中一些神职人员的团体动力培训。在那里我遇到了一位美国籍的神父。我们交流了彼此的经历。在与他交谈的过程中，如同一道闪电闪过，我清晰地领悟到：付诸行动的时刻到了！在罗马期间，我着手准备离开教会的计划。之后，一切都以最快的速度进行了。

不久之后，我遇到了我现在的妻子，并决定结婚。我在维也纳继续进修心理分析的培训课程，同时继续团体动力的工作。

一年之后，我完成了心理分析培训课程并通过所有的考核。我和妻子迁居到德国，住在靠近奥地利萨尔斯堡边境的地方。我加入了萨尔斯堡深度心理学研究协会。

在那之前不久，我偶然读到一本由亚瑟·亚诺夫（Arthur Janov）所著的书：《原始的呐喊》（*The Primal Scream*），我立刻被这本书深深地吸引。在团体工作中我尝试使用了一些他的方法，结果令人非常震撼：由此达成的结果真是不可思议。在萨尔斯堡的协会中，我做了报告，介绍了这本书——只是简单地进行了介绍。演讲结束后，协会的会长卡罗索（Caruso）教授要求我去见他。他对我说他不能再继续把我留在协会里面，也不能再承认我的心理分析师资格了，因为——按照他的原话："作为东正教教会的主教，我不能把位子给一个属于'基督子民'的人！"因此他把我"扔"出了这个协会。

☉ 当时是20世纪60年代末70年代初吗？那个时期，"基督子民"是一个基督教的民间运动。这个运动给很多人留下了印象。"68世代"将心理分析与威廉·赖希分离。随之，人本主义心理疗法成为强有力的竞争对手。您的描述给人的感觉似乎是您的遭遇越来越糟糕？

确实如此！

我还是继续寻找。有很长一段时间，虽然我不清楚自己真正寻找的是什么，但每一种我所学习掌握的治疗方法都滋养了我。之后，我去了美国，向亚诺夫推荐自己，在他的培训下学习原始疗法。在去美国之前，我通过法尼塔·英格律希（Fanita English）学习掌握了沟通分析，她向我们介绍了脚本分析理论。

⊙ 什么是脚本分析？

脚本分析是埃里克·伯恩（Eric Berne）从沟通分析的治疗方法中发展出的一部分。他观察到，在生命中，每个人会服从一个秘密的脚本。我们可以将脚本的内容描绘诠释出来，并因此而改变脚本内容。我们的脚本隐藏在特别感动我们的故事和寓言中。譬如，我们可以选择两个故事：一个是我们在不到5岁的时候最喜欢的故事，另一个是两年前打动我们的故事。当我们比较这两个故事时，会发现它们有共同点。这个共同点就是脚本。在我的团体中我也使用脚本分析这种方法，收到了很好的成效。在埃里克·伯恩的《打过招呼后，您会说什么？》一书中，他对脚本分析的方法做了很清晰的描述。

⊙ 这种方法如何具体运用？您可以举一个实例吗？

一位个案案主说了两个故事。第一个故事来自一首打动她的歌曲《晚安，想着玫瑰，睡得香甜》。第二个故事来自小说《黑色蜘蛛》。在这本小说里，一群吸毒者潜入一家化学工厂企图找到毒品，他们打翻了一个容器，浓雾般的有毒气体四处弥漫，导致周围的居民全部丧生。

这位个案案主来自一个有遗传性血友病的家庭。她的三个兄弟都在仅仅几个星期内因失血过多而去世。那首歌曲对她来说是给兄弟们的挽歌。

⊙我以前不知道这首歌是挽歌，还以为是孩子们的摇篮曲呢，我经常用自己的词来改编。那首歌的歌词到底说了什么？

那首歌的最后一段歌词是：

晚安，甜蜜地安睡，

天使在你的睡梦中守护着，

他们为你送来一棵圣诞树，

甜蜜地安睡，

睡梦中，

凝视天堂……

这确实是写给一个早逝孩子的挽歌。把这首歌的歌词与第二个"黑色蜘蛛"的故事联系在一起，她的脚本出现了。这位个案案主身上带着能导致死亡的基因，她害怕自己会将基因遗传给孩子——她有两个儿子，这正是她所担忧的。因此她的脚本提示了她的线索。

⊙当时您还不知道如何使用家族系统排列的方法，那么您如何处理这位个案？

我问我的个案案主，她先生如何看待她身上带有遗传病基因这一问题。她回答我："我先生如我所是地爱我。""您的两个儿子呢？""他们也一样如我所是地爱我。"

她在内心感谢了他们对她的爱，尽管她身上带有这种致病基因。对她来说，这是跨出脚本的一大步。这一步使她不再专注在"毒雾"上，而是重新认识到：就是这样，我接受命运，如其所是。

埃里克·伯恩建议使用一些特定的解决问题的句子，引导人们从脚本中解脱出来。我也将其运用到了我的团体工作中。过了一段时间之后，这些句子对我来说太强烈了，虽然这些领悟到的句子确实很好，但我还是停止使用它们。一直到很久以后，我才重新把它们用在家族系统排列中。

⊙ 当时您的顾虑是什么？

我承受了一些当时对我来说太过于强大的东西，因此我限制自己用这样的方法去工作。

⊙ 您使用了很多年脚本分析疗法。除了疗愈的字句，您还为家族系统排列汲取了什么有用的方法吗？

过了一段时间后，我观察到那些脚本有一部分与个人无关，与个人的经历没有关联，如同我刚才提到的个案案例。按照埃里克·伯恩的理论，脚本来自孩提时代父母的"负面"指令，即所谓的"禁令"（injunctions）。我观察到这样的解释不正确。大多数的脚本是我们从家族其他成员那里接纳来的，这些脚本是"纠缠"的结果。

⊙ 来自其他人而并非来自父母？您是如何发现这点的？

例如，有一个个案案主的脚本是奥赛罗。在孩提时代，他不可能了解奥赛罗的内容。因此我问他："在你的家族中，谁因为嫉妒而杀了另一个人？"他回答说："我的祖父杀了他的情敌。"因此我非常清晰地意识到绝大部分的脚本都与家族中过去发生的事件有关。这是我理解"纠缠"的第一步。从这个意义来说，脚本分析对我来说是个重要的里程碑。

⊙ 精神分析给您带来了什么？

通过精神分析，我真正领会了如何以好的方式去面对和处理治疗中的阻抗和投射。我不再需要思考该怎么做。在心理分析培训期间我花了一整年的时间，从头到尾研读了弗洛伊德所有的著作，受益匪浅。那无疑是一部巨作，然而对我而言，脚本分析的影响比心理分析更为深远。脚本分析更丰富多彩。由此，我从脚本分析中得到的对命运的认知也比从心理分析中得到的更深刻。

直到 50 岁，我仍然没有感觉到自己的完整
成长发展的不同阶段

⊙通过团体动力您学会了如何将自己看作团体中的一个个体，掌握了如何与团体进行工作。通过心理分析，您得以回顾个人的生命历程。脚本分析为您打开了洞察"纠缠"的视野。那么原始疗法扮演了什么角色？

我在美国洛杉矶跟随亚瑟·亚诺夫学习了五个月，然后跟随他的一个学生在丹佛（Denver）学习了四个月。这期间我吃透了原始疗法。原始疗法对我也至关重要。但是我察觉到这种方法很容易使人受到局限。其危险是，人们可能卡在回溯中，而无法再成长。那些感受中的大部分虽然很戏剧化，但它们没有力量！今天，我把这些情绪感受称为"次要情绪"。但这些都是我后来才领悟到的。

⊙原始疗法具体是如何进行的？每周需要两个小时的治疗时间吗？

不，不是的。那时我每天去治疗中心，每次持续几个小时。在治疗师的帮助下我们回溯自己的童年时期并回到年幼时的情绪中。在治疗师的带领指导下，我们将这种原始情绪通过大声、强烈的呐

喊宣泄出来。这样做确实有释放和解脱的效果，前提是这些情绪必须是最基本、最重要的原始情绪。但是，通过一些练习，人们的表现可能会越来越夸张，起到适得其反的效果，即助长回溯，阻碍个体与童年时期的告别。

⊙ 在9个月里，您每天都到那里去呐喊？270天，真是难以想象的长久啊！在现在看来这等于几年的心理治疗时间相加之和啊。

是的，确实是这样！我参加了整个治疗过程。之后我发现，这种方法对我已无任何助益了。它很容易转变成一种表演。

⊙ 您是怎样观察到这种现象的？

每当一位来访者过生日的时候，他或她会得到一个生日蛋糕。当然，收到生日蛋糕的人一定会哭泣。

⊙ 为什么会这样呢？

当时，这种表现已经成了一种义务了：因为他或她现在得到了年幼时期所没有得到的（关爱）。有一次，一位女士在治疗课程结束时也收到了这样一个生日蛋糕，她也是治疗师，哭得撕心裂肺。之后我找到她问道："你刚才在演戏吧？"她回答我说："是的，在这里必须要这样做呀。"这就像是一种行为准则，与自由和成长已经毫不相关了。

之后，我开始在家提供原始治疗的课程。原始治疗的整个疗程规定是 9 个月。但从一开始，我就将整个疗程限制在 4 个月。

⊙ 您当时以什么方式工作？是以团体的形式吗？每个月开展一周吗？

不，是每天都提供课程，除了星期六和星期日。

从这里可以看出时代不同了。假如这一切发生在今天，可能就不会有人来参加了。

⊙ 当时您的邻居有何看法？

我那时的家里面有一间完全隔音的地下室。我有意这样设计房子的架构，以便能够提供原始疗法。我们每天做 3 个小时 10 个人左右的团体治疗，我和我太太每人还另加两场个人的咨询。我们进行了两次共为期 4 个月的团体原始治疗课程。随后我们觉得 4 个星期就已经足够了。因此，接下来我们就提供每年两次为期共 4 个星期的原始治疗课程，效果与为期 4 个月的原始治疗课程相同。不久之后我将原始治疗与脚本分析结合在一起。最终，在为期 5 天的脚本分析课程中，只保留 1 天做原始治疗。

随着时间的推移我注意到，具有决定性的原始伤痛来自早期联结移动的中断。这在原始治疗中扮演着一个极为重要的角色。治疗师帮助个案案主再一次经历出生，然后帮助案主重新朝向父母移动建立联结，仅此而已。

在这以后，我观察到个案案主的严重问题一方面是由家族系统导致的，另一方面是由其本人的创伤造成的。系统的问题我会提供家族系统排列治疗，对于个人创伤则使用原始疗法。

⊙在很长一段时间里，您自己接受了心理治疗、精神分析、格式塔治疗、原始治疗，而您本人的生活一切都运行正常，您为什么还需要这些治疗？您是在对不同的治疗方法进行个人体验吗？

所有这些不同流派的治疗，我都是为了自己去做的，并不是为了传授而去学习的。对我而言，这一切好像是一次新的修行，我花费

了很长时间，才渐渐地认识了自己。一直到 50 岁时，我依然没有感觉到自己的完整。我依然还在寻觅。直到后来，一切才渐渐清晰起来。

⊙ 在这漫长的治疗过程中您思考了哪些个人问题？

我进入治疗的时候并没有带着问题，我只是简单地暴露自己，我想学习，想自我体验，想看看我会发生些什么。当某些东西对我不好的时候，我就立刻中止。

⊙ 假如有个人作为治疗师来找您说："我只是想要来尝试一下。"难道您不会反问："这样有力量吗？"因为人其实只有带着诉求，才会去找治疗师，不是吗？

对我个人来说，这是我个人的学习，并没有很明确的疑惑和问题。其实，一些表面看起来很清晰的问题并不是实质的问题。最明显的就是当我刚接触脚本分析的时候，它电击般地震撼了我，我感觉到在那里，我有可能成长发展。我的自我还尚未完整。

在接触原始治疗的初期，我也有同样的感受。但一段时间之后，我突然间感觉到：该结束了。当一些东西成为教条，让人不得不强行学习和掌握一定的行为规则时，一旦当人受控时，有些东西就失去意义了。那个时刻，我就离开它去寻找下一个方法。

⊙ 这意味着，您从 20 世纪 70 年代兴起的众多新的治疗方法和创新的思想体系中，选择了自己最感兴趣的治疗流派？

确实是这样。我通过自己和别人，也通过对其他人的治疗，不断地体验和深化领悟。这些实践、体验，是我宝贵的经验积累。我从不关注文凭或任何协会会员资质，我对这些事物不感兴趣。

⊙而现在，一些"具有批判性思维的心理学家"，他们自己本身从未经历过任何个人成长发展的体验过程，根本不懂心理学治疗的各种流派，而只会竭力判断和谴责这些治疗方法为"玄虚不实的疗法"，并且大声疾呼"海灵格没有任何心理学文凭！"这种行为显得荒唐可笑！

是的，正是如此！

⊙后来您是怎么寻找到家族系统排列的？

这条路很长。这之前我先是专注于米尔顿·埃里克森（Milton Erickson）的催眠治疗法和神经语言程序学（Neurolinguistisches Programmieren，NLP）。

⊙是什么使得您对埃里克森如此着迷？

我是通过杰夫·采格和斯蒂芬·兰克顿接触到米尔顿·埃里克森催眠治疗法的。米尔顿·埃里克森对个案案主的尊重以及对来访者行为的重视程度让我印象非常深刻。

⊙您指的是肢体语言吗？

是的！我从中学到了很多。譬如，当一个人一边说话一边在轻轻地摇头，通常他所说的都不是真的。或者当我说话的时候那人点头，但我刚一说完他就反驳我，我就知道我击中了要害。或者当一个人轻轻地移动一下椅子，或者在做一个家族系统排列的时候，当一个人的目光从某人的身旁掠过看向一边，我就知道必须在那目光注视的地方排列一个人。这些细微的动作通常是最重要的。米尔顿·埃里克森往往在一瞬间就能捕捉到来访者表达的一切。他观察着来访者最细微的肢体信号，让这些最细微的表现反映出来访者真正的需求。这往往与来访者口头所表达的完全不同。他不动声色地用"绕道"的方式引领来访者走向与其心灵最深处相吻合的地方。

⊙您能更确切地解释一下吗？您所说的"绕道"的含义是什么？

有一对夫妇因为夫妻关系问题来咨询米尔顿·埃里克森。米尔顿·埃里克森并没有对他们说什么，只是建议他们一起去爬山。当他们爬完山再次回来咨询时，米尔顿·埃里克森问他们："去了那里，感觉怎样？"丈夫回答："美极了！多美的景色！绝佳的视野，美不胜收！"那位妻子马上反驳道："你怎么能够说得出这样的话？我觉得太无聊了！"米尔顿·埃里克森没再多说什么，让他们回家了。两周以后这对夫妻离婚了，这种工作方法是埃里克森很典型的手法。

⊙您目前对催眠治疗的看法如何？您现在还使用这种疗法吗？

很少使用。但有时，在治疗中催眠行为会自然发生。我曾在中国上海的一所精神病院中带领一个工作坊。一位男士自己走到我身边坐下，就立刻进入了深层的催眠状态。过了一刻钟之后他睁开双眼，向我道谢。在整个过程中我们没有说任何一个字。我经常使用能够使接受治疗者必须归中的声音。我只使用很简单的词句，这也是我从埃里克森那里学到的。

⊙神经语言程序学（NLP）是基于所有治疗流派中最好、最有效的治疗技术的组合。请问您从 NLP 中学到了什么？

NLP 让我们学到，一些已经固定的行为态度，以及那些与这种固定行为呼应的内在画面，可以通过一些微小的细节变化来改变和消除。NLP 主要是实用的、扩展后的催眠疗法。

我自己也开设过 NLP 的培训课程，还写了一本介绍 NLP 的书，书中绝大部分内容是通过故事叙述来介绍 NLP，但是没有出版。通过催眠治疗及 NLP，我主要学会了故事叙述在治疗中的应用。

⊙您是如何构想您的治疗故事的？当您说"故事叙述在治疗中的应用"，这意味着什么？

在治疗时，大部分的治疗故事在具体情况下会自然地出现在我的脑海里。在一个工作坊中，有一位来访者说他有哮喘病，然后我对他讲述了下面的故事：

有一个男人，多年来他的房子里堆积了很多杂物。许多来访的客人带着行李，当他们离开时，其中一些人就把他们的行李留在了那里。事实上他们已经一去不复返，但看起来似乎他们还留在那里。房主自己积累的东西也都留在家里。一切都无法成为过去或者消失不见。甚至一些破损的物件上都缠绕着过去的回忆，留在那里。它们占据了一些更美好的事物的位置。直到房主感觉快要窒息了，他才开始整理所有的物件。他从整理书籍开始，接着他要决定是继续浏览那些老画，还是继续了解书中的故事和陌生的理论。他清空了房子里很久以来已变得陈旧无用的物品。房间变得明亮起来。然后他打开来访的客人留下的箱子，看看能否发现一些对他有用的东西。他将贵重有用的东西留在一边，将其他无用的东西清理到房子外面。他将所有的陈旧物品扔进了一个很深的大坑，然后用土填平了大坑，并在上面种植了绿草。

⊙您是怎样一下子想象出这个故事来的？为什么您总是喜欢讲故事？

因为我发现讲故事的方法既委婉又有效。起初，我也想掌握通过讲故事去做治疗的方法，但当时我还没有这个能力。后来，当我有一次正在带领一个工作坊的时候，突然间，有一位学员说："你能不能给我们讲个故事？"刹那间，大小俄耳甫斯（Orpheus）的故事出现在我的脑海里。这段经历收录在我的《中庸之道》（*Die Mitte fühlt sich leicht an*）一书中，章节标题为"两种形式的幸福"，那是我第一次通过叙述故事来做治疗。从那时起就像打开了一扇窗，我自如地发掘并叙述了很多故事。

⊙是您自己创造的故事吗？

当然！这些故事自然而然地浮现。通常，我不只是对一位学员叙述故事，而是面向全体学员。我曾在参加一个团体治疗工作坊时有这样的经历：带领团体的治疗师为每一位学员讲述了一个比喻故事，她针对我讲的那个比喻故事完全不适合我，但是她给另外一个学员讲述的比喻故事却很适合我！这也就是为什么我通常不针对个别学员讲述故事而是讲给在座的每一位学员听。

过去，当我在工作坊中感到愤怒时，我也会叙述有关复仇的故事，通常是一种方式比较优雅的复仇。例如，一个麻风病人去找疗愈师，这个疗愈师一点都没有理会并照料他，只派遣自己的仆人去告诉他："你去约旦河里浸泡一下。"麻风病人去那里浸泡了，然后他回到家对他的妻子说："我恢复健康了。我去约旦河浸泡了一下，但是，除此之外什么都没有发生。"于是，所有在座的学员都笑了。

或者，我会讲一些有关助人主题的故事。有时候我这样叙述：耶稣对一个人说，"站起来，带上你的床，回你的家！"这个人回答，"不，我不愿这样做。"

于是，耶稣对他的门徒说："可能这个人对上帝的尊崇胜过对我的服从。"这个故事要说明的是抵抗的重要性和我对抵抗的尊重。这世上不存在不计回报的帮助！

⊙听说，故事叙述比其他方法能够更迅速地找到通往无意识的路。这些故事是如何实际地产生效应的呢？为什么它们比直接给出建议更可取呢？

例如，一些父母很烦恼，因为他们的孩子虽然已经长大，但仍然尿床。我们可以对这些孩子叙述一些植入了要关紧水龙头或者修理屋顶上的排水管道等情景的故事。

譬如"小红帽去探望外婆"的故事：当小红帽来到外婆家刚想进门时，她发现屋顶的排水管道在漏水，于是对自己说，"我先把排水管道修理好吧。"小红帽走进仓库，找到一些沥青，搬了一架梯子，爬上了屋顶，补好了排水管的漏洞，使房子门口不再潮湿，然后才进入外婆的家门。

或者是"白雪公主与七个小矮人"的故事：有一天早上，有个小矮人来找白雪公主，跟白雪公主抱怨自己床正对的那块屋顶漏水，整个晚上雨水不停地滴到他床上！早晨醒来的时候，他完全湿透了。白雪公主对他说，"我马上去把它修好。"当小矮人外出工作时，白雪公主爬上了屋顶，发现有块瓦片翘了起来。她把瓦片重新放回原位。晚上，小矮人一身疲惫地回到家，忘了询问白雪公主有关屋顶漏水之事。第二天早晨他也忘记了，因为一切都已恢复正常。

有一位父亲，他的女儿以前有尿床的问题。有一天晚上，这位父亲给女儿讲了这些故事，马上产生了效应。第二天早晨女儿的床是干的。但是，这位父亲也注意到女儿另一些奇怪的表现。在这以前，每天晚上当他向女儿讲述一些寓言故事的时候，女儿会仔细地倾听一些细节，注意父亲是否和书里讲得一样——既不增加也不删除任何故事情节。但那一次，当父亲改变了故事的情节时，女儿并没有提出任何反对意见，很自然地接受了新改的故事情节。这说明孩子内在的心灵认同了她所听到的这段经过修改的故事。孩子的心灵本身想要这个解决之道，父母不必对其做出直接要求，孩子就会通过领悟和鼓励去做一些新的尝试。

孩子一定是领会了父亲所讲的故事，否则不可能产生效应。但是正因为父亲没有提及"尿床"的字眼，尊重了孩子的内心，孩子才感觉到了父亲的尊重，以及父亲如此谨慎细腻地关爱她，因此做出了反应。

孩子很明白自己有尿床的问题，不需要别人去告诉她，她知道自己不应该这么做，但也不需要我们去告诫她。假如我们给她建议或者指责她，孩子会有自卑感。假如孩子服从父母的建议，父母会得到自己被尊重的感觉，而相反地，孩子就失去了自尊。因此，孩子不接受建议，是为了保护自己的自尊。正因为我们给了他建议，孩子为保护自己的尊严就要做另外一些事。对一个人来说，尊严是最重要的，对一个孩子来说也是如此。只有当孩子在这个建议中能够感受到深厚的慈爱时，他才会愿意遵从这个建议。这就是故事叙述所达到的效果。故事叙述帮助人们保护自己的尊严，并且带来疗愈。

⊙之后，您对家庭治疗产生兴趣，您参加了在美国的莱斯·卡迪斯（Les Kadis）及鲁思·麦克莱顿（Ruth McClendon）的治疗工作坊，你们是否也会运用家族排列系统治疗？

有机会也会这样做。那时，我内心感觉到：这里才是未来所在！但我还是像平时那样继续带领我的团队。一年之后才开始家庭治疗：我开始使用我后来继续研究发展的家族系统排列的治疗方式。瞬间，一切方法都融会贯通了。

人们不容许
我　　　　有
犯错的权利

逆境是成长所必需的
关于疗愈过程中的强硬态度

⊙有很多人认为您对个案案主的态度有时太过冷峻严厉，关于这些批评，您做何解释？

很多人只从一方面去看灵魂的成长：为了成长，必须要有滋养的食物。事实上，成长需要滋养，也需要逆境。一切成长都需要穿越逆境。那些为了保持友善而不肯拂逆来访者的治疗师，才是最冷酷的。能够拂逆来访者的治疗师会给来访者带来成长的机会。来访者可能会对治疗师非常气愤，但很多曾经对我很恼火的来访者在两年后给我写信，信中都是感激之情。

⊙这是针对单独接受治疗的来访者而言的，我想请您谈一下大型团体的工作坊。您早期带领小的团体做两到三天的工作坊。每一名个案案主可能有两次排列工作的机会。有时第一天您给一名案主做排列，您可能直截了当地面对这位来访者的问题或中断排列工作，使这名案主的内在变化过程开始启动。第二或第三天，个案案主可以再回来重新与您一起工作完成这个内在变化的过程。但很久以来，您改变了工作方法。和500人的大

团体与和 40 人的小团体一起工作区别很大，不是吗？

　　当我带领大型团体治疗工作时，我在工作中更专注，更集中精力。一旦我观察到治疗无法继续，我会立刻中止，在我知道我可能不再有机会重新排列这个案例时，我也会这样做。这样做看上去很冷酷！但是，对于个案案主本人来说这是一次转折的机会。假如我

在必要时不立刻中止的话，我就会失去我的力量和我的公信力。我不会为了某一位来访者或者因为担心冒犯某人而牺牲这些。

当我与个案案主工作时，会全然忘却其他在场的观众。我只是全神贯注于个案案主心灵所必需的，仅此而已。至于其他人有什么感受，这是另外一个问题。

两年前，在乌兹堡，我给一位厄立特里亚的女士做治疗时，团体中有很多强烈的反应。因为我对这位女士说她必须回到厄立特里亚去。一些学员说："他怎么说得出这种话？这是敌视外国人！更何况这位女士生活在德国！"

当时心理创伤治疗师彼得·勒维（Peter Levine）坐在第一排，他告诉其中一个感觉被冒犯了的人，当我说出那句话的一刻，他看到一股能量从这位女士的臀部升往她的上身。他认为我的干预是一次成功的心理创伤疗愈。"你必须回到那里"这句话似乎很严酷无情，但这句话产生了作用。

之后，这位厄立特里亚女学员的治疗师告诉我，这位女士与自己的故乡重新有了联结。

⊙ "你必须回厄立特里亚去"与"重新与你的故乡建立联结"这两句话有什么不同之处？

您自己体会一下，第一句和第二句话中所蕴藏的力量有何区别！当然，很明显，她必须回去。假如她能同意必须这么做，她的心灵就会有所改变。然后她会重新与自己的故乡建立联结。但是她并不需要一字一句地去服从我所说的。

⊙您的这句话"你必须回厄立特里亚",这样看来其实是一个很大的误解,是吗?

这不是一个误解。"你必须回去",这正是我所想要说的!

⊙在您的一本书中,您谈到有些人背井离乡,远离自己的故土,他们只有回到自己的家乡,并做好准备共同承担他们自己民族的命运时,才能恢复健康。您还进一步说道:"这些人逃避承担自己民族命运的责任,他们迫使自己有另一个故乡,一个不属于他们自己的国度,至少是不需要也不欢迎他们的国度。"是什么经验让您发展总结出这个结论?

我认识很多人,他们来到德国,在这里开始生病。我观察到,他们生病的原因是他们背离了自己的家乡。其实背离自己的家乡就如同背离了自己的母亲。我是从系统的角度来理解这一点。我同情他们的家乡和他们的母亲。我不只看到他们个人的利益,我也看到他们的国度。举例来说,我会在排列时选一个人代表德国,另一个人代表个案案主的家乡,然后观察他们之间的移动。通常,这些个案案主只有回到自己的家乡的位置时才有好的感觉。这个排列很明显地展示了他们必须回到自己的国家。因此如同我对那位女士说的一样,我对他们说:"你必须回到你的故乡。"

最近，我给一位来自科索沃的来访者做了排列。她的先生是个罪犯，正在监狱里。我对她说："你必须带着你的孩子们回科索沃去。只有在那里你与你的孩子们才能够真正地安全，你们必须面对那里的情况。"我后来听说，她回到了科索沃，在那里重新获得了力量。

我没有说移民必须回去

⊙您是如何得出如此肯定明确的结论的？

　　人只有在一定的场域，在自己所属的场域里才能够得到发展。当然也存在一些人必须背井离乡的情况。我没有说移民必须回去！但是我观察到有些移民因为离开了自己的家乡而生病，有些人感觉很糟糕，或者无法融入新的环境。

⊙世界很大，全球化的发展使世界越发开放。这不也是我们的自由的一部分吗？

　　我们必须背负我们所属的族群的命运，就如同我们必须背负自己家族的命运一样。这是人们无法逃避的。只有人们共同担负，人们才能成长，当然，我们的国家也因此受益。

⊙我们重新回到您刚才所举的例子。观众只听到您所说的，但是他们看不到治疗师所看到的。而且，作为治疗师在家族系统排列的场域里，作为排列代表，作为观众坐在第一排或者坐在大厅后面的最后一排，或者只通过录像带去观看家族系统排列，不同的角色感觉到的都会不一样。场域的能量总有无法再传递的时候。

很多人根本就没有在看！他们只有一种意识形态：必须对外国人友善，帮助他们留在这里，等等……他们根本无法看到我对这位女士的帮助。我帮助她的方式使他们恼羞成怒。我不能顾及他们的反应。我如实说出了我所想的："你必须回厄立特里亚去！"在实际中怎样去做要看具体的环境情况，尽管如此，这句话已深刻地烙印在她的心灵里："我必须回去。"这是一种具有疗效的介入。

⊙ 您为何选择有这么多人的团体排列？

我第一次决定做一个大型的团体排列时，我当时计划组织一个35人团体的工作坊，但是参加的人数迅速达到350人。我不想让他们失望，因此开始和他们所有人一起工作。那是一次非常美好感人的经历。假如按照我自己的意愿，我绝不会举办一个这么大的工作坊。有时，我们被推动着做一些事情。因此，这也让我观察到大型团体工作的可行性。从理论上来说，大型团体的工作坊应该是行不通的，但是实际经验向我展示了我可以这样做。

每一种环境给我们机会，也设定界限。有些人声称我不应该与这么大的团体一起工作，这只是无理的要求。我想问他们：假如我只在小的团体中工作，那么家族系统排列会发展成什么样呢？它会成为著名的方法吗？从整体角度来看，这种在大的团体中进行家族系统排列的工作方式是一个决定性的突破。那些反对的声音仅仅是必须面对的风险。

我为整个团体做治疗工作

⊙我在想：团体工作对于来访者是否还有保护空间，或者已经成为一个公开的场合？当一个心理治疗场所变成了一个公开的场地，会发生什么呢？那样的话，一种心理治疗的介入就突然变成了政治论点的声明。人们突然开始这样说："海灵格说外国人必须回自己的国家……"

这不是一个合理的结论。这个结论仅仅适用于这个案例，对于其他的案例，治疗方法有可能会不同。我并没有一概而论。

在类似的团体工作中，我与整个团体一起工作，而不是像很多人想象的那样只是为某个人做治疗，这是对我工作的误解。我不想让来访者当众表演。我给他们做治疗，同时顾及整个团体。每个人都可以从中学到一些东西。每个人在内心都会受到触动，问题可能得到解决，而并不一定自己也要做家族系统排列。

⊙即使有1500人的团体也是如此？

在乌兹堡，有一次人数多达2300人。这样的安排确实不妥当。对我来说，500人是一个可以接受的数字，更多的参加人数则是例外情况。

⊙ 关于"表演"这个词,在某些情况下,您会对观众说:"你们看他在做什么?"您面对所有的观众谈论个案案主。这种行为对很多人来说是无法容忍的。

　　这是团体动力。有时我运用团体作为治疗工具。这样做会给个案案主很大的压力。这是一种有目的的治疗技术。

⊙ 假如我想象我作为来访者在台上坐在那么多人的面前,我会羞愧得无地自容。我会突然感觉到,我并不在一个做心理治疗

的地方，而是在一个公开的场所，因为我从来没有报名参加过团体动力治疗。

并不是我引导来访者来到团体中的，是来访者自己来到团体中的。

⊙ 除了大型团体以外，我们不能再以别的方式体验伯特·海灵格的治疗工作了吗？

无论如何，来找我治疗的人都冒着这个风险，他知道那是一场在公众场合的治疗。我的这种工作方法是众所周知的。事实上，个案案主当时的反应与排列后在她的家族中所发生的变化是不同的。我很明确这一点。我们不能只通过排列当时所呈现的情况来判断家族系统排列的工作，即使个案案主在当时很愤怒。有时，也正是在这种时刻，案主才会呈现她真正的面貌。有些人平时表现得貌似温和善良，但当我真正面质他们的时候，他们会突然变得很有攻击性。有时我会展示这些让大家看到真相。是的，有时我确实做得有些过分！这样的情况曾经发生过。难道我必须做个毫无瑕疵的完美者吗？这样的要求是不人道的。为什么人们不容许我也可以有过错！

我从不谈政治

⊙ 我这样理解您的意思，对您来说，治疗的空间并不取决于参加的人数。按照大部分人能够接受的想法，心理治疗应该与个案案主单独进行或者团体治疗的人数应该维持在15到30人之间。而您却把治疗的空间扩大到公众场合，不同的参加者，各种意见和不同的意识形态等都汇集到一起。一时间，心灵的展现与意识形态、有疗效的治疗干预与政治观点之间没有了区别。于是有些人说：海灵格仇视外国人，因为海灵格曾说过，"外国人应该回自己的国家去"；海灵格反对女性，因为海灵格说过，"女人必须跟随男人"，女人自己在性侵中也扮演了一定的角色；海灵格是父权主义者，因为他说孩子应该尊重父母；海灵格仇视犹太人，因为他说"受害者与加害者之间是互相联结的"；海灵格是个纳粹分子，因为他居然说，"希特勒也在被一种更大的力量驱动"。发出这些严厉抨击的人是不愿，或者不能够进入疗愈场域的人。您无法将他们融入大的团体中。您和其他人所洞察到的系统动力的有关概念，如序位、联结、平衡，被误解成针对个人的规范性法则；同样，那些具有疗愈性的介入方式，都被扭曲成政治言论。

这些言论背后隐藏的都是意识形态。我不谈政治，我只做我的工作，带领我的只是我自己在家族系统排列中所看到的。

我不是机械技工
对个案问题的详细陈述

⊙在心理治疗领域中,存在着对您这样的批评:伯特·海灵格的个案陈述在哪里?譬如,您说来访者不需要陈述任何来由,您就能够看到症结所在,如果是这样,当一位来访者找到您,他又如何做出案例的陈述呢?

假如我需要那种所谓的个案陈述,那么我的行为就如同一个妓女。就好像一位来访者来找我,并对我说,他要这样或者那样,为此他付钱给我!这是一种什么样的治疗师形象?治疗师的尊严和他的专业何在呢?

我讲一个实例。在一次工作坊的茶歇期间,有一对夫妇来要求我为他们做排列。我看着那位女士对她说:"很明显,女士想要离开。"我看到的是这样。那位女士说是的,她的丈夫也同意我所说的。这对夫妇在一起多年,很幸福,后来,丈夫的母亲需要人照顾,他把母亲接回自己的家同住,从此夫妻间的关系不再和谐安宁。

我问那位妻子她自己的原生家庭发生了什么,她告诉我,她有个早夭的残疾兄弟。我问他俩:"你们现在想要让我与你们一起工作吗?"于是,他们登上台。现在我的任务是什么?他们能够说清楚他们的诉求或者清晰地提出问题吗？他们不能做到。

⊙但是，您已经问了他们问题，问题的症结也出现了。您也因此给他们做了排列。但这不同于您所说的："我什么都不需要提问，我已经知道了。"

来访者找到我是因为他们认为我有专长。我不是一个简单的执行者，我不是修理汽车的技工。来访者对我其他的专长抱有期待，譬如我能够看到他们无法看到的一些事情。

⊙但这与来访者的诉求有关，是吗？

诉求！每个人都知道那些被表达出来的诉求并不是真正的诉求。因此，假如我进入他所讲述的，我就不能进入真正隐藏在后面的症结。这常常是案主与治疗师之间展开的一种游戏，是注定失败的，因为那与最重要的真相无关。一个治疗师所必须具备的第一个专长就是能够识破这种游戏。假如治疗师看穿了这个游戏，并告诉案主，但案主固执己见不愿意接受，那么案主可以离开。但很多人还是留下来，他们非常感激，因为隐藏在背后的症结被揭露了出来。

问题是，我是否能确信我自己的洞察？还是让案主在心里说："好吧！我牵着你的鼻子走。"很多人来找我，但是我观察到他们并没有准备好做些什么。因此我会对他们说："我无法跟你一起工作。"

在荷兰的工作坊我曾遇到这样一个案例。有一位女士来找我，对我说："我的儿子有精神分裂症。"我对她说："有问题的不是您的儿子，是您有精神分裂症。"这位女士很愤怒。我对她说："好！在这种情况下，我在这里中止。"几小时之后，她又来跟我说话，她有了转变，那时我才和她一起工作。

我经常能够闪电般地认识到，一个人是将问题推到别人身上，还是他自己能够面对一件事情，抑或他想利用我去推卸责任。问题是：我要让他误导我吗？我应该相信他的话吗？是让他决定案例，还是我要揭穿他的游戏并拒绝顺应他？

⊙当一个人带着问题来找您治疗，您看穿了他，但是案主还是重新回来找您做治疗。谁知道他们是否真正意识到自己在做什么？

只有唯一一种解决的方法：我谨守我自己的洞察。我担负自己的责任，有时，若有过错，也担负自己的过错。对我来说，不存在其他的办法和可能性。

当一个外科手术开始进行的时候，只有一个人掌握手术刀，而他必须做下去。这也就是为什么所有的应该这样和那样做的想法，只是表面上对个案案主有帮助。事实上，它们有着很严重的负面影响。这里只有一种解决的方法：我尊重对方的所作所为，我也尊重自己所做的一切。

⊙但是您决绝的做法也吓跑了很多人。

假如为满足这些人的要求而服务，那我就不再是我自己了。违背我内心最深刻的觉察去满足这些人的要求，我可不准备这样做。

⊙假如有个人前来找您并对您说："我想做家族系统排列，其他的什么都不要。"您会怎样回答？

我会说："目前我不会为你做。"治疗师的目标是超越服务效率的。

⊙从疗愈上来说，我来了，付了费，就要得到我应得的服务效率。

你所说的意思是："因为我付了费用，所以在1小时之内你必须听我的？"那就歪曲败坏一切了！支付费用的人掌控一切并说："去！按照我所要的去做！"这个时候，就不再存在心理治疗，治疗师也没有了尊严。

治疗师必须关注另一些事情，譬如，治疗师看到的是案主的家族。那么一切都会立刻改变。

⊙这就是来访者来找您做治疗的原因吗？因为他们知道您是以这种方法去工作的？

很多人来找我治疗是因为他们希望能够确定他们的问题，并且希望确认：他们的问题是没有解决之道的。许多癌症患者，在他们的灵魂深处就有这种心态。顺应个案案主这种内在心态的治疗师，不在爱中。

我不做反对阻抗的工作
中断排列

⊙因为案主看到了排列，他们对变化的抗拒会减弱吗？

　　一些以前从未被看到的事情会呈现出来。一些重要的事情通过排列被清楚地向个案案主展示了出来。然后个案案主对这项工作是否有阻抗就会显现出来。假如个案案主有阻抗，我就中断排列。因为我不需要去对抗个案案主的阻抗。当个案案主看见被显露的真相，但是他的内在还没有准备好消除这个问题，或者他所属的这个家族系统不允许他消除，那么，我会尊重这个事实，不再继续工作。

⊙这样说来，中断排列不是对个案案主的处罚，而是一种介入的治疗方式？

　　正是这样。

⊙中断排列有时会给人另一种感觉！

　　那不是我的意图。

⊙在柏林，有位女案主在排列之后说："这不是我提的诉求。"

您回答:"这样的排列——多么老套啊!"

我将这个排列中的介入方式通过录像带又看了一次,我所做的都是正确的。而这位女士试图引导我走上岔路。那是一个有关俄国人及德国人的大型排列。当她说"这不是我提出的议题"时,她其实是在报复我,我清晰地展示出来的一些事实,对她有一些决定性的要求。这就是一个游戏的一部分。

⊙我们也可以这样理解,您超越了个案案主的提问,您远远超越了个案案主有能力到达的地方。在家族系统排列中,当个案案主无法再跟随排列的时候,排列对案主还有什么意义?

在柏林的那个案例有关这位女案主的父亲,她的父亲娶了他死于战争的好友的妻子。他以自杀来跟随好友走向死亡。在这个事件背后有加害者,这位女士的父亲和他的朋友曾经是军官。这个排列显示出这位女案主被深深地牵连纠缠其中,譬如,她还能拥有她的父亲,是因为父亲的好友的死。正当排列到这个时候,她说:"但是,这不是我的诉求。"尽管那个排列向她展示了对她来说非常重要的一些真相。

我们也可以这样说:她不能或不想理解这个真相。那个信息无法传达给她,尽管它来自更深的地方。

在这个排列中,我为她的家族系统和整个团体做了一些非常感人的工作。接着这位女案主询问:"我呢?在这一切之中,我在哪?"

这个问题,将一切拉回到她自己身上。

⊙但在那个时刻,那位女案主只是关键词的给予者?

如果没有看到整个系统,人们可以这样说。

⊙假如我是您的个案案主,我自己有一个诉求,但最后我发现原来这并不是关于我自己,我可能会感觉很糟糕,觉得自己被利用了!

我是为整个团体做排列治疗工作，而她想将我做的一切都占为己有，她没有考虑到整个团体，没有考虑她的父亲和父亲的朋友，还对关于她母亲的事完全沉默。这样是行不通的。我们可以从各种角度来观察事物。但是那些批评我的人，他们之中又有谁能够真正做到仅仅专注个案案主的提问并始终跟随呢？

这些领悟能够挽救生命

⊙您很严厉地批评普通的心理治疗。早在10年前，您曾经声明，您视自己为一名导师，然而您还是以治疗师的身份继续工作。如今，您说您是一位服务于生命的助人者。这之间有什么变化呢？

其实，我所做的是一种对心灵的服务，或者更确切地说，是一种对生命的服务。心理治疗将来访者定义成病人，而当有人来找我，我给他提供一些有关生命的服务，我并不是在把他作为病人治疗。通过个案的实例，我对一个团体讲述一些与生命相关的事。从这个意义上来说，我更类似于导师。我知道一些事情，传授这些知识。在愿意倾听我的人之中，绝大部分时间没有人生病，因此也没有人需要心理治疗。

他们只是获得了一些指导，可以做自己想做的事情。他们并不与我形成一种长期的治疗关系。也正因为这个原因，"个案陈述"对我来说毫无意义。在这种"个案陈述"的背后有着一种局限性的模式。有时我只做5分钟的工作，我不需要个案委托。

我想传授给他们什么可以使他们在家庭关系中更幸福。我向他们展示什么是纠缠以及纠缠是如何作用的。通过这种方法我帮助很多人从困境中解脱。

我也收到许多家长的反馈,他们告诉我上过这样的课之后,亲子关系有了极大的转变。例如,一封来信说到:"在1996年,你拯救了我和我儿子的生命。"我帮助他们找到了幸福。有时我问自己:那些攻击我的人,哪一个像我一样给这么多人带来幸福?

⊙ 我很惊讶,您会提这样的问题。

我们应该实事求是地将事情放在正确的位置!那些迫害我的人看不到我做的好事。这项工作和这些见解可以拯救生命,它们让很多人从纠缠中恢复了生机。

⊙ 您目前所做的工作,还算是心理治疗吗?

不是心理治疗。家族系统排列起初是心理治疗的一种形式。我将家族系统排列推荐给有心理治疗需求的人,提供给那些身体或者心灵上有病痛的人,家族系统排列帮助了他们。

以前的心理治疗师,他们的工作模式/态度是:一边有一个带来需求的来访者,另一边有一位提供方案的治疗师。我们以前接受的就是这种形式的培训。

我做了很多的家族系统排列,我从爱的序位和家族系统中存在的关系里学到了很多,然后我探索了解决之道,受益很深。

同时,排列这项工作让我认识到个案代表的角色比我们起初想象的重要得多。个案代表会与另一个更广阔的维度联结。有其他力量引导了整个操作过程。

⊙ 这对于您与来访者的关系意味着什么？

举个例子：一位个案案主责怪自己的父母，抱怨自己童年所遭遇的痛苦经历。在家族系统排列的初期，我们非常同情这些个案案主，我们想到的是："我们一定要帮助他们。"而今天，我知道，有一种创造性的力量在一切事物的背后起作用，因此没有任何绝对坏的事物！由此，我用哲学的目光看待这种经历，也要求个案案主这样做，让他或她看向自己的父母或自己的经历，并说："无论过去发生了什么，我把它们当作一种力量来接受。谢谢！"当我这样做的时候，我是以什么身份在行动呢？我不是以治疗师的身份在行动，而是以哲学家的身份。没有后悔遗憾，相反地，我如其所是地接受并认同一切，无论过去发生了什么！这样，一种新的力量就可以在身体里滋生，其作用远远超越心理治疗。

同心圆的五个爱

爱的第一个同心圆
父母

⊙您举办过关于"爱的同心圆"的讲座。这些"同心圆"意味着什么?

爱的第一个同心圆始于我们的父母对彼此的爱。我们就来源于这种爱。他们创造并接受我们作为他们的孩子。他们哺育、照顾和保护我们多年。带着爱接受他们的这份爱,就是爱的第一个同心圆。它是所有其他爱的先决条件。如果一个人没有体验过那种爱,他以后怎么能爱别人呢?从属于这种爱的,还有我们对父母祖辈的爱。毕竟,我们的父母也曾经是孩子,从他们的父母和祖父母那里接受了那些他们后来传给我们的

东西。他们也通过父母和祖父母与一种特殊的命运相联结，正如我们也在这与他们相关的命运中一样。我们也带着爱接纳着这种命运。现在，让我们看向我们的父母和我们的祖先，带着爱说："谢谢。"这是爱的第一个同心圆。

爱的第一个同心圆
冥想练习

我闭上双眼，回到我的孩提时代，回溯自己生命的起源。我生命的起源，来自于我的父母作为男人与女人之间的爱。他们被一种强大的驱动力吸引到一起。在他们身后的那股伟大的力量带领他们走到一起。我向这力量深深地鞠躬。我怀着感恩和爱看向我的父母：他们结合成一体，我是他们联结的结晶。

从那一刻起，我的父母等待着我的到来，他们带着期望，也带着担忧害怕："一切会平安顺利吗？"我的母亲忍受了巨大的疼痛，将我生下，带到人世。我的父母惊喜地看着我："这就是我们的孩子吗？"然后他们说："是的，你是我们的孩子，我们是你的父母。"我的父母给我取了名，将他们的姓氏送给我，和所有人宣告："这是我们的孩子。"从那一刻开始，我属于这个家庭，我得到了生命，成为这家族中的一员。

无论遇到过什么困难和挫折，生命的本身并没有被影响。也许那些困苦使我付出了很沉重的代价，但是当我看着这些困难和挫折，比如被遗弃、被送养到别家或者不知道自己生父是谁，我看向父母并对他们说："我从你们那里得到了最重要和最原始的东西，无论你们做了什么。"

我可以从自己的内在深深地感受到：我就是我的父母！我从我的内在能够辨认出我的父母。我可以想象，从身上的哪个部位，我能够感受我的父亲，从哪里可以感受我的母亲，他们中哪个在更靠前的位置，哪个在更靠后的位置。

我将他们两位都放在显要的位置，我的内在与他们相遇，同在一起。我因此而感到欣喜！我的父母确实就在我的身上。

无论我的童年经历过什么，我都对这一切说："是的。"最终，一切都是好的发生：我得到了成长。除了我的父母之外，还有许多其他人也帮助了我。譬如，当父母无法照顾我的时候，老师、姨妈或姑母都曾帮助过我。在街上，一个过路人也曾问我："孩子，你怎么了？"他照顾了我，把我护送回家。我将这些人与父母一起带进我的灵魂和内心。突然间我感受到一股内在的强烈的满足和福祉。当我用爱去认同接受自己生命中的一切时，我会感受到生命的圆满和谐。这份爱在我的内在绽放。

爱的第二个同心圆
童年和青春期

爱的第二个同心圆是童年时期。我带着爱接受我父母所给予我的一切。他们日日夜夜地为我着想，他们问自己：我的孩子还需要什么？父母给孩子的一切好的事物是无法想象的！父母知道自己所付出的一切，对他们来说意味着什么。我承认这一点。我接受并认同儿童时代所发生的一切，包括父母没有看到的地方或他们的某些过错，甚至很疯狂的事情。这一切都是我命运的一部分。我承担这些挑战，以及伴随这些挑战而来的不幸和痛苦，还有我必须应对的所有境遇。认同和接受这一切，我就成长了。

有时，孩子会用自己的付出去逃避认同和感恩，譬如：

孩子想承担一些不属于自己的，而属于父母的问题。但是往往孩子的付出是错误的，或付出得太多了。

有时，这种接纳对孩子来说很难，因为来自父母的付出是那么厚重，孩子觉得没有能力同等地回报父母。这些孩子为了无须回报太多，而情愿得到的少一点。

⊙ 您从何得知这一切？

我通过成百上千个不同的家族系统排列案例，观察到了各种可能。孩子常常承受不了父母的疼爱，特别是当他们不知道与父母之间的平衡，在于将这种疼爱继续传递给其他人，特别是在以后传递给自己的孩子们。然而，那种没有能力在父母间得到平衡的感觉，是推动和促成孩子们离开父母家的动力之一。

叛逆期的青少年往往通过对父母的指责来实现自己与父母分离的权利。这是逃避平衡的一种廉价的方式。但是，这种方法无法让他们与父母分开。相反，当他们明白通过将他们从父母身上所得到的传递出去即可修复平衡，以及当特定的时刻到来时，他们将会无法抗拒地去传承自己所得到的，那么他们就不再需要通过指责父母而离开了。那时，他们就知道该怎么处理他们所得到的，以及应该怎样运用那些东西。这种方法的优势是，他们不需要拒绝任何他们从父母那里得到的一切，他们可以全然地接受，因为他们知道他们会全然地去传承。

⊙我从未通过这个角度来考虑青春期问题！很显然，这些指责控诉是平衡良知意识方法的一部分。但是，青春期也是激素作用的时间过程，您刚才说到"廉价"，您的意思是什么？

在我们国家的文化中，在青春期这个阶段，青少年开始批评、忤逆自己的父母。但是世界上也存在着一些绝对不同的文化，在这些文化中青少年与父母的分离，不需要通过批评自己的父母来实现。那是另一种态度。所谓的"廉价"在于，我从父母那里少接受一点，结果是我就可以少付出一点。通过从父母那里接受得少，通过批评指责，拒绝父母的爱，我们与父母分离。这种分离的方法使我们大家都变得精神贫乏。作为一个孩子，我是通过接受父母而成长的。

⊙一方面，这看起来显而易见；但另一方面，好像道德的食指在指指点点：你们这些年轻人，要乖巧、顺从，不许忤逆父母！在您说"廉价"这个词时，听起来有些贬抑的含义，但是青春期的青少年也有他们的理由啊！

请您从字面上看"廉价"这个词的直接含义：价格低！得到的少可以使用的也少。如果我接受很多，那么我的付出也会很多，因为我留不住。我必须要传承我所得到的。这样的话，代价很高！但是，还是有一些东西会留下来。其实，拒绝接受父母的孩子，拥有的很少。当然，我能够理解，"廉价"这个词会让您感到不舒服！

⊙我的经历比较复杂：避免孩子以这种"廉价"的方式来解决

问题，这难道不是父母的责任吗？我自己亲身体会到，有时青春期孩子的沉默不语行为让我感到很不满。母亲们常会说：我那可爱善良的小男孩/小女孩现在怎么变成这样啦？他们已经得到了一些东西，现在却忽然变得两手空空。于是，父母因为对孩子生气而开始进入叛逆，因为孩子们不再关心他们，不再听从他们，而发展出其他秩序的想法。也就是说，我的孩子们的青春叛逆也迫使我面对自己的"幼稚"。我不再从孩子对我的无限制同意中"得到好处"。孩子们很清晰地向我们展示出我们的不成熟之处。有时孩子对父母的指责批评正好是父母的痛处。孩子们往往心思敏锐，因为，他们自己正在渐渐经历长大成人的过程。而父母有时自己并没有能力让孩子知道他们的界线在哪里，在这种情况下，他们会拒绝再像父母般地继续"给予"，因为他们自己的反应是孩子式的。

　　就像我的儿子整天对我视而不见，不搭理我。天知道他为什么有这样的举动和反应。我有时候把这和我自己联系起来，觉得自己受到的关注太少——真是孩子般的感受和想法。到了晚上，儿子来找我，对我说："妈妈，你可以帮我按摩脚吗？"我可以做到，但是被一种青春期的赌气所左右，我会这样想：这回倒好！太过分了！他一整天用这种方法来对待我，现在还要我来伺候他！但假如我保持成人的理智，我就会这样思考：太好了，我能够有机会和儿子进行交流，这就是我现在可以给予，而他也能接受的。有时父母也会不自觉地采用青春期叛逆心理造成的逆反心态。

逆反心态造成的行为在青少年和他们的父母身上会交替出现，是吗？

在青春叛逆期间，父母与孩子渐渐分开。很多人不知道存在着世代相传的给予与接受的方法，即通过上一代给予下一代的方法来达到平衡。当我们了解了这一点，我们就不再需要回报那么多，因为我们可以给予我们的下一代，这样我们的心灵就会感到释放、安宁。那么作为孩子，我们可以在内心对自己的父母说："给予吧！我接受你们所给予的一切！"

只有真正穿越了爱的第二个同心圆之后，我们才有能力去维持可信的伴侣关系。伴侣之间后来出现的绝大部分的问题和困扰，是因为没有圆满完成对爱的第一个和第二个同心圆的认知和实践而导致的。所以人们就必须重新回到那些尚未完成整合之处，去弥补缺陷。

爱的第二个同心圆
冥想练习

　　我闭上双眼，回到自己的内在，归中，就像下楼梯一般，一步一步地走回到我的孩提时代。也许，我会回忆起一些让我曾经感受到痛苦和不安的经历。然后我停留在那段经历上，一直等到曾经发生的事件的画面浮现在眼前。许多儿童的早期心理创伤，都与我们被孤单地留下，或是无法去到我们想去或我们该去的地方有关联。

　　想象这个孩子，也就是我自己，看着我的母亲，感受对她的爱，感受我想走向她的愿望。我注视着母亲的双眼，仅仅对她说："请求你。"此时，我和我母亲的内在画面里，都有一些东西开始发生变化。现在，也许母亲会向我走近一步，我也可能敢于朝向母亲走近一步。我保持在这种移动中，直到我在内在画面中，达到了我的最终目标——直到我完完全全放松地到达母亲的怀抱中，到达母亲的双臂里，然后我看着母亲对她说："谢谢。"

　　这是一种内在移动的过程，但不能一下子移动得太多，当我们第一次尝试之后，我们心灵中的一些东西已经得到释放。然后改天我可以再重新做一下练习。我再一次如同下楼梯一样回到自己的孩提时代，也许我会记忆起并到达另一个情景，也许是一段年纪更小时的情景，也许再次想要走向我的母亲。然后，等待几天之后再重复这个练习，一直到我所有的创伤困扰被释放解决，完完全全到达母亲的怀抱。

⊙许多人往往对自己孩提时代没得到的，或做错的一切悔恨不已。有时，他们甚至很痛苦。这样会造成什么结果呢？

如果我排斥所有我指责的人，我排斥所有我痛恨的人，我排斥所有让我感觉有负罪感的经历，那么我会变得越来越匮乏。相反的方法是这样的：我面对所有让我感到遗憾后悔的一切，对它们说，"是的！事情原来就是如此。我接受这一切，并视这一切为挑战。"我对这一切说："我曾和你一起经历。现在我把你当作我的朋友——不管你是什么。"所有的一切，那些我指责某人的原因，我看着它们说"是的"。我环顾四周，以其他方式得到那些我所失去的。而且我会看到自己拥有什么样的力量，自己去完成，而不需要乞求别人。

我接受发生在我生活中的一切遭遇，这些经历就会成为我的力量。这同样的态度也适用于那些我自己往往想排斥和遗弃的过错和罪疚感。我正视它们，并对它们说："是的，我的这个过错造成了一些后果。我接受这一切的后果，并因此去做一些有益的事情。"这样，愧疚将转化为一种力量。通过这样的方式我会成长。

⊙也就是说，最基本的移动总是同样的：接受认同一切，而不是排斥否认。

确实是这样，并且把所有痛苦当作一种力量去接受认同。我们会因此而觉察到一个奇妙的效应：那些我想排斥回避的，那些让我痛苦烦恼的一切，那些让我有过错和愧疚感的一切，或是那些让我感觉被不公平对待甚至虐待的一切困境，无论是什么，当我接受它们的时候，并不是所有的东西都会进入我的内心，有一部分会停留在我身外。我接受一切，但进入我内在的仅仅是力量，其他的都驻留在外界，我不再被这一切侵蚀困扰，相反，这一切痛苦的经历能够净化疗愈我。糟粕留在外面，精华深入心中。

⊙ 与接受相反的是什么？

与接受相反的是我不能承受父母的沉重，作为孩子去帮助父母，参与属于父母的问题，把自己凌驾于父母之上。在这种情况下，上面介绍过的冥想练习也适用：我看向自己的父母，看着他们的困难负重，看着他们命运中的纠缠牵连，看着他们亏损，看着他们忍受毒瘾，看着父母身上的疾病……我看到，如果我的父母能够完全地接受这一切，这一切便也会成为他们的力量。就像刚才我做的练习一样，我愿意认同并把这一切接受进入我的内在。我看到，当我的父母能够接受属于他们自己生活中的所有不幸时，会发生什么；而当我想取代父母的位置为他们承受一切，又可能会发生些什么。

我能够在心中想象，我的父母认同并承担他们自己命运中的困难，这是属于他们自己的命运，包括他们的纠缠。我站在孩子的位置上，站在晚辈的位置上，保持一定的距离看着我父母的纠缠。我的父母完完全全是我的父母，我不需要为他们承担任何属于他们自己的命运和责任。这一切只属于他们自己！这一切都在我之外，因为我父母的命运和责任应该留给他们自己去承担。

⊙ 对于"妈宝男"或者"爸宝女"呢？

不管是"妈宝男"或是"爸宝女"，这两者都站在母亲与父亲之间。解决之道很简单。女儿对父亲说："对于这个位置，我太小了。"儿子对妈妈说："对于这个位置，我太小了。"然后身为女儿与身为儿子的人，回到自己应该处的位置。这时父亲与母亲就要直接面对面互相注视。因为不再有孩子阻隔在他们之间，或许他们能够彼此找到另一种方式相处。

这又是一个我们自己可以做的练习，当你知道自己是"父亲的乖乖女"，你可以看着父亲，俏皮地眨着眼睛对他说："我仅仅是你的女儿，而对于其他方面，我实在太小了。""妈宝男"也以同样的方式对他的母亲表达。他看着他的母亲并对她说："我仅仅是你的儿子。对于其他的一切，我实在是太小了。"

非常有意思的是，各自站回自己的位置后，所有人都感到如释重负，包括父母。

爱的第三个同心圆
接受和给予

⊙现在我们来谈论一下爱的第三个同心圆。我首先要问的是接受和给予。但这不是那种为了得到而出现的给予行为，而仅仅是接受和给予。

成人既可以接受，也可以给予。

⊙为什么一个成人可以同时做到接受和给予，而一个停留在孩子时期的成人无法做到？

给予比接受更容易，因为当我在给予的时候，我感觉到自己比较优越，而当我在接受的时候，我会感觉到自己似乎处在一个比别人低的位置上。

⊙但有些人只想着索取。

这取决于接受的方式，如果我索取，这就不是接受。如果我接受别人的给予，那我就表现出了自己的匮乏。《圣经》中有一句话："施比受更有福。"确实！因为人在施舍给予时会有一种优越感，自我感觉形象很高大。

⊙您不把这句话作为道德指导,而是作为对"给予"背景的觉察?这样看来,我们世世代代都在遵循一个极大的误解。

能像接受其他东西一样地去接受爱,这才是伟大的。当我能够以这种态度去接受的时候,我也就能够去给予了。给予的开始,是正确的接受。在成人的关系中,最基本的原则是双方能够相互同等地接受,这是最重要的平衡。不是双方同等地给予,而是双方同等地接受。相互同等地接受是最困难的,但这也使人们能够更深层地联结在一起,因为这样就意味着双方都处在一个互相需要的位置上。

⊙ 懂得接受与奉献有关，而奉献只有当我们不企图控制的时候才能得以实现。有些人不断地给予，因为他们企图得到回报。他们的给予是为了获取。他们给予，给予，再给予，但没有能力去接受。

他们在给予中有所期待。特别是他们对其他人的认可比较少时，因为他们觉得自己更优越，希望自己留在这个优越的位置上。

⊙ 也有一些人，他们总是在得到的时候埋怨，他们总是觉得收到的礼物不够好。这样的情况往往发生在男人与女人之间。

这表明，接受是一门更高级的艺术。用尊重的态度去接受，这是艺术。

⊙ 按照您的说法，这是否意味着，在日常生活中我们必须全然接受我们所得到的一切，即使它们与我们想象和期待的差距很大？我相信能够写出一本嘲讽的书，描绘那些当人们送礼物，却送不出去时的尴尬、苦涩和失望的经历。那些礼物要么让人觉得不够好，要么不和别人的心意。我自己也羞愧地记得，我曾经多次把丈夫送给我的礼物，或拒绝或调换或退回，甚至转送给了别人。

所有的礼物都是珍贵的。当某人送我一份礼物，他是为了善待我。他给我礼物的时候，我就全然接受。那一刻，他给我的礼物就有其珍贵的价值。这样，事情就发生了完全的转变。同时我察觉到："啊！这件礼物对我来说原来也是这么美妙！"这就是真正的接受。作为成年人，我们给予时不期待对方必须回报，也不期待对方给予他不能给予的。在这种态度下，我们会获得为人父母的力量。在这过程中，接受就完成了，世世代代的传承从这里开始。这就是爱的第三个同心圆。当一个男人和一个女人全然接受了自己的父母所给予的一切，当他们成为伴侣的时候，他们从自己父母那里接受的爱充溢其间，他们能够互相给予这种圆满的爱，让这种爱继续移动。这是一种理想状态，很多经验表明，这种情况并不总会发生。

爱的第三个同心圆
冥想练习一

我与我的伴侣面对面站着。我先看向右边,看向我的父母。我再次感受从我父母那里接受爱的过程。我的伴侣站在我对面。他(她)也先看向自己的右边,看向他(她)的父母,也一样再次感受从他(她)的父母那里接受爱的过程。

我看向自己的父母及家族的祖先之后,再看向他(她)的父母及家族的祖先。在这份注视中,我看到了他(她)的父母所给予自己孩子的一切,以及他(她)的生命由此变得非常富裕丰盛。忽然,我们之间的关系就发生了变化,因为在我看来,他(她)与之前有所不同了,因为他(她)父母给予他(她)的爱在他(她)身上呈现出来了。

同时,我也看到那些阻碍他(她)的困难和发生在他(她)身上的经历。我能够看到他(她)从接受这些困难和经历中获得了力量,那些特别沉重和不幸的经历被留在了外面。我也这样对待自己所遭遇的困难和不幸。然后我们注视着彼此的眼睛,并对彼此说:"是的。"我们对彼此说:"现在我们为彼此做好准备了。"

之后，我们有了一个孩子。我从伴侣那里接受这个孩子，伴侣从我那里接受这个孩子，我们同时说："这是我们的孩子。"通过这个孩子，我与伴侣看到自己属于一个更伟大的联结体的一部分，我与伴侣都只是孩子的一部分。我与伴侣练习在任何事情中，看到另一方并且接受另一方。

爱的第三个同心圆
冥想练习二

我看向"我们的"孩子，在孩子的后面看到我的伴侣，并看到伴侣身后家族中的特殊之处。当我看到所有与我的家族的不同之处，把这些不同平等地在我心里接受的这一刻，孩子对父母双方来说是等同的，他（她）可以以同样的方式跟父母双方联结。我对我的伴侣说："这是我们的孩子。他（她）有来自你（父亲）的一部分和来自我（母亲）的一部分。"这会丰富我们的孩子的生命，也会丰富我们的伴侣关系。

⊙如果夫妻离异呢？

大部分夫妻离异的原因是，伴侣中的一方被拉回到自己的原生家庭。他（她）被拉回去，是由于他（她）有一些东西没有接受，或者他（她）介入了自己父母的命运，没有把它留给父母自己。还有很多夫妻离异的原因是一方对另一方的失望。对伴侣的期待常常是一个人幼年时对父母的期望，而希望在伴侣身上得到满足。可是伴侣无法实现这个愿望，也不可能有能力实现这样的愿望。因此，我们对自己的伴侣感到失望，因为失望而选择了离异。这是另一种离异模式。

还有其他造成离异的原因，比如与个人的自我发展、自我认知有关。可能一方认为自己要选择一条对自己重要的个人发展道路，但是另一方明白自己伴侣选择的道路并不适合自己，而选择了另外的道路。所以要接受且尊重伴侣所选择的道路，也要接受认同自己的道路，允许双方都各走自己的道路。这有可能也会造成两人的离异，但这是一种带着爱的离异。伴侣双方可以互相告诉对方："我深爱你，我同时爱着指引你和指引我的力量。"这个句子带着深切的含义，如果双方尚在纠结是否分手，这种领悟会让双方都感到如释重负。但很多时候，只有伴侣一方这样说，另一方仍然不愿意分离，无法理解前者。这时，前者必须告诉后者："我有我的成长。"

⊙ 离异时该对自己和孩子说什么？

对孩子不应这样说。要对孩子说的是：我永远与你在一起。一个需要与孩子分离的成长不是真的成长，只有在十分极端的情况下才会发生。那个时候我们可以告诉孩子："我向你保证，虽然我离开你的母亲，你的母亲离开我，但是我们两人永远都在你身边。"这对孩子来说是很沉重的，但是如果不得不做，这可能是家庭中的每个成员的一次成长的契机。家庭的所有成员都保持彼此的联结。

爱的第四和第五个同心圆
尊重认同全人类及全世界

⊙爱的前三个同心圆都与良知和平衡的需求有关。在爱的第四个同心圆中，怎么样可以成为有能力给予和接受的人？

爱的第四个同心圆超越了良知。在爱的第四个同心圆中我接受我家族中的所有成员，接受每一个成员如其所是，包括所有被家族排除在外或是被唾弃的成员。爱的第五个同心圆是关于更大的群体，关于其他文化，关于道德和不道德的人的平等。要平等地对待一切，因为，当我超越了家族关系的狭隘，能够同样珍惜地接受其他人时，我的成长就远远超出了自己良知的范围。爱的第五个同心圆与全人类、全世界有关，它要求我们接受整个世界，从而可以达到全世界的大和解。这份爱是爱所有一切，让我们知道，我们都受一股更大力量的驱动。

⊙这些爱的同心圆后面的人类图像是怎样的？

对我来说，所有的人都是好的。每个人就是他自己所能呈现的那样。没有人能够做出与他所处环境不相符的表现。因此，我对所有的人都持有同样尊重的态度。

这种态度和行为方法是个人灵魂的成就，没有人可以把其他人从这种成就中排除出去。许多寻求帮助的人，他们想在自己没有这种灵魂成就的情况下也能获得帮助。但当他们拥有了这份心灵成就后，他们就会体验到巨大的喜悦，也可以获得新的洞见，他们将打开新的朝向生命移动的可能性。但是这一切必须首先获得一个洞见。爱的情绪很少有洞见。当我滞留在爱的情绪中，很少会有东西发生，因为我被囚禁其中。在爱的第四和第五个同心圆中，我们才能超越这种狭隘，到达精神层面。

命运之手

能因自己的母亲而感到喜悦的人是生活中的赢家
关于幸福和喜悦

⊙ 这会让人感到幸福吗？

　　幸福是一份礼物，幸福总是来自一份关系。但问题是，我们该如何建立关系，使自己在关系中获得幸福呢？当我们为我们的关系感到快乐时，我们就会感到幸福。这种关系不仅是与人的关系，也是与自然的关系。

　　如果我们的第一份关系不成功，那么以后的关系都不可能成功。所有关系都始于我们的母亲。关系中出现的大部分问题都与我们和母亲的这份关系不圆满有关。我们的喜悦从母亲开始。孩子最深的幸福感源于和母亲在一起，这是原始的幸福。当然孩子长大以后会离开母亲，走向其他人。但那并不会影响什么，因为从母亲那里得到的一切都可以被带走。在以后，孩子与母亲的距离会更远。但这一切的基础是，我们注视着母亲的眼睛，说："是的，我很高兴你是我的母亲。对我来说最美好的事情就是，你是我的母亲。"

⊙ 那父亲呢？

　　父亲当然也参与其中，但这份幸福从我们的母亲开始。从这个角度而言，父亲与母亲不在同一个层面上，是有差别的。父亲是知道这一点的，但他没有必要感到妒忌，因为他跟他的母亲之间也是这样。能因为自己的母亲而感到喜悦的人是生活中的赢家。

⊙ 这些是您的幸福指南吗？

如果您这么认为也可以。生命的圆满和幸福就是这样进入并充满我们的人生。这是一个人日后生活中所有幸福的基础，这也是人们对大自然之爱的基础。大自然就是我们的伟大母亲。

一个年幼的孩子把他从母亲那里得到的一切都接纳入他的心灵中，没有丝毫抵触。抵抗在孩子长大以后才会逐渐到来。有关幸福，我从自己的身上观察体验到了重要的东西。我从心底完全接受我的母亲和我的父亲——没有任何局限地接受："你是我的母亲，我接受认同你，如你所是""你是我的父亲，我接受认同你，如你所是"。然后我父母圆满的一切会进入并充实我的心灵。我不是选择性地将父母的某些方面放在我心中，而是全然地接受我的父母，接受他们如他们所是，我将我父母以及所有属于他们命运的一切都完整地放入我的内在心灵中。很奇妙，我认为的父母命运中所有负面的一切都留在了外面，当我全然地接受认同某个人时，唯有他正面的一切进入我的内在心灵，除此之外别无其他。

⊙ 在我的身体疗愈培训课程中，曾经做过的一个练习给我留下了特殊的记忆：首先我们在心中想象自己的父母，想象他们还是孩子的时候，他们在我们的双手上跳舞。然后想象我们的父母长大成人了，他们彼此相遇。之后，我们想象他们进入我们的身体，渐渐地，通过我们的内脏来到我们的心中。我们在内心为他们准备一个空间，在这个空间里，我们的父母相爱结合，孕育了我们。这是否就是您刚才所描述的画面？

这是一幅很美的画面。

⊙但事实上，我究竟要接受认同的是谁呢？是曾经抛弃我的母亲？还是对我母亲使用暴力，打骂她的父亲呢？想象一个女人，是从未照顾过自己女儿的堕落的女酒鬼。这个女儿事实上究竟要接受认同的是谁呢？是她心目中母亲的理想画面，还是母亲身上让她感到美好的和她亲近过的那部分呢？

我将自己的母亲和父亲视作一般人，以那样的方式去接受他们，而不仅仅是考虑父母曾经给了我什么和他们拒绝了我什么，这一点非常重要！父母曾经给了我什么，拒绝了我什么，那一切并不重要。我把他们当作一般的人那样去接受认同。当我仅仅把他们当作一般人那样去接受认同时，我的父母就能圆满完整地充实我的内在。

⊙但这样就不是对母亲和父亲理想化了？这样说我们似乎给了父母一种超越凡人的责任。

我可以断定在所有寻求治疗的人中，有80%的人是与母亲有关系上的障碍。因此，真正的治疗，是重新恢复其与母亲的联结。

⊙假如与母亲的联结不成功，又会发生什么呢？

这个人就迷失了，他们也没有能力建立和谐的关系。

⊙"迷失自己""没有能力建立关系"，这太可怕了！这种说法，就好像：若与母亲有好的关系就拥有一切，要不就什么都不成！那么父亲的角色会起什么作用呢？

许多孩子出现的问题也源于他们无法走向自己的父亲。孩子是否能够走向父亲的关键在于母亲。从这点来看，母亲掌握着强大的权力。唯有母亲才能为孩子打开通向父亲的道路，其他人做不到。

⊙我不太明白您说的意思，您指的是什么？

母亲必须在孩子身上爱着他的父亲，一如既往地爱着他的父亲。母亲可以这样告诉孩子："我很高兴你长大了可以变成像你父亲那样的人。"这样孩子就会明白：假如他走向父亲，他的母亲会因此而高兴。如此一来，通向父亲的道路就打开了，孩子会因此而获得力量，而且这个孩子也会比以前更加敬爱他的母亲。

⊙这说明关键点首先在与母亲的关系上，以及母亲与她丈夫的关系。这就是说，女性的责任重大，更有可能会犯更大的错误了。

我想用另一种方法来表达：女性拥有更大的可能性。如果人们想想我所说的这些关于女性与母亲的话，怎么会有人说我是父权主义呢？有谁像我一样以这样深刻的方式尊重女性？经由这种方式，我使多少人得到了幸福了呢？

身为父亲的人不需要继续抗争
关于疏远孩子

⊙您是否已经听说,德国联邦法庭刚刚通过一项新的判决:男人即使对自己的亲生父权有怀疑,但未经女人的同意,也不能要求进行亲子血缘关系的基因鉴定!您想对此说什么呢?

他们以为这样的规定能够对家庭有所保护,这是一个很奇怪的想法。

⊙据说这个规定的用意是要保护孩子的个人权利。

是啊!这个规定也让母亲的个人权利得到保护,但是违背了真相。事实上,这样的规定对所有的人都是不公平的。这个规定仍会由法律实施。我会问自己:这个孩子以后会怎样?

⊙就如同一个被硬塞给别人的孩子吗?

尤其是,当孩子知道这个供养自己一切的男人不是自己的亲生父亲,那他今后会变得怎么样?这个孩子将来长大成人后,他的孩子们又会怎么样?这条法律规定,根本没有考虑到它将引起的后果。做父亲的人只能通过亲子血缘鉴定知道自己是否是孩子的亲生父亲。

有时我们必须抗争，将其作为维护正义公理最终不得不采取的措施。

⊙像这样一个被欺骗了的男人如何能找到自己内心的平静？

他告诉这个孩子："为了你，我做了这些事。"如此一来，这个男人就能解脱，找到内心的平静，保持自己的尊严。

⊙这是一个很大的成就！

是的，这确实是很大的成就，这应该是问题的解决之道。

⊙相反地，有很多父亲在自己是否是生父这件事上被欺骗，也有很多母亲失去了她们看护孩子的权利。伴侣在分离时，一个人就带走了孩子。他们有意无意地使孩子们远离另一方，直到孩子也不想再见到另一方亲生父母，与孩子一起生活的父母一方还鼓励支持孩子这样的想法和行为。

孩子的决定总是符合父母中掌握着孩子的那一方的愿望。孩子无法做出其他的选择，否则他会感觉深陷危险之中。但是这些孩子的状况会很糟糕，而且他们会长期对掌权一方的父母让自己远离另一方父母的行为而感到愤怒。让自己的孩子远离另一方的父母事实上得不到任何的益处，但是掌权方的父母，并没有感受到足够的痛苦。只有当人感受到足够的痛苦时，有些事情才能发生变化。

⊙许多父亲面对这样的情况选择抗争，但是他们有时会感到极度的绝望。您对他们有什么建议？

我建议这些父亲对孩子说："孩子，你要知道，无论我们是否能够相见，我都一直在你身边。我是你的父亲，我的心一直与你同在，你可以相信我。"这个孩子可以得到平静，身为父亲的人不需要继续抗争，他只需要等候。然后，他告诉孩子："我同意你的母亲！我接受你的母亲和命运的安排。她是你的母亲，她对你是有益的而且一直是有益的，我始终尊重她。无论发生什么，我都尊重在你身上的你的母亲那一部分，我尊重这一切。孩子，你可以待在你母亲的身边，无论多久，只要她和你需要。"这样孩子才能得到解脱，感到轻松。

⊙但是您自己也曾说过，这对孩子来说非常沉重和艰难，这种要通过我们的抗争而保护孩子权益的情形，到底会让孩子承受多重的负担啊？

确实，这些都是徒劳无益的！这一切都是孩子生命中沉重的负担，这一点不容置疑，但是孩子也能因此而成长。我们不应该对这个孩子持有同情的态度。当一个局外人出现，并且说："多可怜的孩子！"这种态度和想法对这个孩子来说很可怕，而且有害无益。这个孩子并不可怜，他的父母双方都在，他始终有自己的父母。无论发生什么，这都是他的命运、他的挑战、他生命中的任务，直到孩子认同接受这一切，他就可以超越这些，并从中获得成长。

⊙但对于大部分的父亲来说，这样的情况非常难以接受。有一些父亲会把这当作一种宿命。他们会这样想:"难道我就这样眼睁睁地看着自己孩子的童年被别人盗走了吗?"他们会决定继续抗争。

捍卫抗争让做父亲的与母亲平等,都处在同一个层面上。做父亲的,应该对孩子说:"孩子属于我吗?不!你不属于我,你属于你自己,但我是你的父亲。我不会对你提出要求,但是你可以拥有我作为你的父亲的权利。对我而言,你是我的孩子;对你而言,我是你的父亲。"这是一个简单美好的解决之道,这对我们每个人都好。

⊙如果对做父亲的人来说很难接受这样的解决之道,那该怎么办?

还可以告诉孩子:"我必须告诉你一件很重要的事——我曾经很爱你的母亲。"

⊙您对人的要求太高了!

这就是爱,是真正的爱。

我从哲学的角度赞颂母亲的伟大
身为父母的职责

⊙您为何如此赞颂母亲的伟大？这跟您过去曾经是天主教教徒有关吗？

我以哲学的洞察来敬仰赞颂母亲的伟大。我看向我自己，思考着"身为母亲"的真正含义。所有的母亲都以完美的方式做到了最基本、最重要的事情：孕育和给予生命。没有任何一位女性在成为母亲之时，是以不完美的方式去完成的。要不然她不可能成为母亲。因此，在最关键、最重要的那一点上，所有的母亲都是完美的。至于孩子诞生后所发生的一切，在这里都不再重要。其他一切皆有定数，无须太多的思虑，我们只需意识到生命非凡的意义。而这之中的根本意义，却在很多心理治疗室里被人忘记。有时孩子会记忆起曾经挨了父母一巴掌，然而，孩子是从父母那里得到的生命，这至关重要的一点，却被忽视。没有任何一个母亲可以从孩子的生命上剥夺什么，也没有任何一个母亲可以为孩子的生命再增添什么。没有任何一个母亲比其他的母亲更好或更坏。作为母亲，世上所有的母亲都是完美的。这是一种很美好的想法。

⊙当然这样说没错，可是现实人生中书写着不同的故事。您要求人们对父母有近乎宗教式的态度——几乎与"十诫"的训示一样。"要荣耀你的父母！"但是现代人已经忘记了这一点，也并不愿意这样做。现代人看到的是父母实际对他做了什么不好的事情，他们以批判性的意识来判断具体的情况，比如挨了父母的巴掌等情形，他们会认为这些是很糟糕和严重的状况。

这是事实。

⊙这是面向事实的窗口？

我为许多人重新打开了这扇窗户。与孕育给予生命这个最基本、最重要的现实相比，很多治疗咨询师在治疗中着重处理的问题都显得次要。父母双方赐给我们完整的生命，这才是最神圣伟大的！因为孕育生命构成了我们与原始的创造力最深的一致和谐。

⊙生育孩子似乎并没有什么特别，所有的人都可以服从他们的本能。但我们这里说的是关于个人的成就，这不是每个人都可以的。我的孩子如何成长，是否受到良好的教育，他们是否美丽、聪明或者充满活力。这更像是一项个人成就？

确实，每个人都能生孩子，这确实没有什么了不起，但不妨碍它成为最神圣伟大的事实！当然，孩子出生以后，父母还必须凭借很多个人的能力来教育抚养孩子。但是，仅仅是新生命的诞生，就已经构成了非凡的成就！事实上，我无法想象还有什么比创造生命更伟大的事情。虽然我自己没有怀孕生产的亲身经历，但只凭观察，就能感受它的神圣伟大。天下间让人最喜悦的事莫过于迎接新生命的到来。

如同巨人之手的手指
加害者与受害者之间的联结

⊙我第一次观看您的家族系统排列时,当时您对于排列纳粹加害者的做法还是将他们请出去。我记得当时这些人真的被请出门外去了。那时您说,加害者失去了归属的权利。

是的!我当时确实这样做了,但只限于加害者是谋杀犯的状况,犯下其他罪行的加害者并没有被请出去。

⊙这意味着在当时的家族排列中,还没有发展出加害者和受害者在心灵层面上属于家族的论点?

我在较短的一段时间内是这样做的,之后我发现,那样做是不行的。

⊙您是怎么发现这样是不行的?

我发现加害者在日后会由家族中的某个孩子或某个家族成员来代表。也就是说,加害者依然存在。我必须将加害者放入这个家族中,当加害者进入家族中,有他自己的位置后,其他的家族成员才不需要代表他。同样的状况也适用于受害者。如果受害者也被接纳在家族中，那么其他的家族成员就无须代表这位受害者。受害者也是这个家族中的一员，这是我在后来的经验中发现的。

⊙ 您是如何发现的？

我第一次观察到这个现象是在瑞士伯尔尼（Bern）的课程中。我对一个男性案主做了家族排列，他提到一件事，他说："我是犹太人，但是在我的家族中并没有任何成员丧命于纳粹的迫害，因为我们整个家族都住在瑞士。"可是案主的母亲自杀了，这位男性案主也有自杀的倾向。由此可以观察到，男性案主及他的母亲在心灵深处跟所有的犹太受害者的命运有联结。

因此，我选了七个人来代表被杀害的犹太人，然后在距离这七个受害者两米外的地方，我又排列了七个人来代表杀害这七个犹太人的加害者。接着，我请这七个犹太"受害者"转身看着他们的"加害者"，之后我没有再作任何介入。然后加害者与受害者之间出现了一些移动，加害者都呈现出巨大的痛苦。当受害者看到所有加害者的痛苦时，受害者伸出他们的双手，拥抱了这些加害者。这时，其中的一个加害者说了这句话："这里只有一个牺牲者，但我还必须面对千千万万的牺牲者。"这时候我们可以看到加害者和受害者在心灵最深处，以深深的爱相联结。这是如何发生的呢？因为无论是加害者还是受害者的代表，他们都感受到，他们的命运背后有一股巨大无形的力量。有一个加害者代表说："我感觉自己就像一根巨人之手的手指，我完完全全被这个巨人之手掌控着。"

那是我第一次有这样的体验，从此，我不能把加害者排除在外，好像他们是完全不同的，或是好像认为加害者根本毫无人性，好像他们不被超越他们的无形的力量支配操纵！

我在内心接纳所有被排除在外的人

⊙对有关"加害者和受害者"关系的反应以及对您论点的抨击非常强烈，很多人认为您的心更偏向于加害者。

确实是这样。

⊙您真的是这样想的吗？

是的！我真的这样想，因为加害者是最先被排除在外的。如果我想为系统工作，那么我第一件要做的事就是从内心里接纳这些被排除的成员。当我听到家庭的成员控诉加害者"看看他都干了些什么！"时，我会马上在心中给这个加害者一个位置。这些被分隔的人在我的心灵中是彼此联结的，恰恰是因为我在做排列之前把那些被妖魔化的人接纳进来。除此之外我无法工作。这对于排斥父母的案例也同样有效。我们不需要首先看向那些杀人犯——所有被排除在外的成员在我心中都马上有他们应有的位置。这样从系统的角度来看，我才处在一个可以真正帮助所有人的位置。

⊙在一般道德规范下，作为"政治意识正确"的人通常同情受害者、弱者、被压制者，但是您对政治层面毫不感兴趣，您看重的是心灵层面，往往人们混淆了政治和心灵这两个层面，容易引起误解。

抨击声确实很猛烈。但是，到底是哪些人在抨击呢？抨击的都是那些在内心否认加害者的人。奇怪的是，当这些人在抨击别人的时候，他们自己就变成了加害者，而他们自己却没有意识到。

⊙ 您曾经说过的话也不断地被列举引用，比如："希特勒的作为留下了巨大的影响。"很多人无法接受，他们想：这个人怎么能说出这样的话呢？

听起来这就好像我在宣战似的。然而每个人都可以观察到所发生的事情，那个巨大的影响就是发生了。

⊙ 这样表达，好像您对他的作为做了正面的评判？

我不评断，我只是说希特勒的所作所为造成了巨大影响，从此一切都不同以往。

⊙ "有巨大的影响"，您所指的是什么？我们可以说全人类历史上都发生了巨大的事件。希特勒可是导致了上百万的人丧失了生命啊。

困难在于我们往往是在道德的层面上断定效果的好坏。但这里所提的是一股完全不同的力量。这股驱动着全世界的力量完全与道德无关。我们不能用我们有限的道德概念来狭隘地理解这股巨大的

力量。面对这些巨大的力量,一个人的生命渺小如沧海一粟。这种自我中心主义无视一切。

那些巨大的灾难、大规模的战争促进了全人类意识的发展提升。无论我们愿意与否,无论我们觉得好坏,都无关紧要。一个单独的个体也不可能驱动如此巨大的移动!若不是来自另一些层面的力量,光靠一个个体怎么能够激发整个民族和国家呢?

⊙您这样的说法像是神秘主义者的论调,其中不存在所谓的道德或对立?

这是一种哲学性的观点，看向所呈现的现象或结果，看到如此巨大的运动不可能是单独的个体带动的。

举例说明：希特勒被认为是一名非常了不起的演讲者，他能够吸引所有的听众。人们也说，在他演讲之后，希特勒往往毫无精力，好像崩溃似的。对此我的看法是：当他演讲时，他处在一个场域之中，演讲之后他离开了这个场域，否则，他在演讲之后不可能如此软弱无力。但是，这个场域来自何处？这个场域来自其他地方。是来自"神"吗？认为这个场域来自"神"会有亵渎"上帝"的误解，因为这听起来意味着希特勒是先知。这里我使用的概念是"力量"，这些力量不为我们所知，但在背后推动我们。

⊙ 当我用道德的耳朵倾听您的解释，我听到：能够发挥影响的巨大力量是正面的，渺小是不好的。

您的说法让我觉得完全陌生。

⊙ 您说您在哲学层面上不分好坏，这是一方面。但您在德国公开说到希特勒是受到"更大力量"的支配，这又是另一回事。您的这种说法难免引起误解不是吗？

我们无法理解这些大型的移动事件，只能把它们看作由更大的力量支配驱动而造成的。它们超越所有的道德规范，我们只能客观地认识它们。

受害者需要在我们的内心拥有一个属于他们的家园

⊙在您的哲学中"受害者"有什么位置？作为德国人，您在德国发表这样的论点，确实很有挑衅性。

让我为您举个例子，这样您比较容易了解我是站在哪个层面上说出这样的论点。我有个朋友名叫泽农（Zenon），他是波兰人。有一次我跟他一起坐火车从布雷斯劳（Breslau）到克拉科夫（Krakau）。他说了许多在克拉科夫这个城市发生过的事情，同时也提到这个城市曾经有过一个很大的犹太人区。那里的犹太人几乎被杀光了，就连加利西亚（Galizien）这个地方现在也变成了空城，这里也曾经是犹太人的主要居住地。这些犹太人在现今的波兰没有容身之处。我的波兰朋友告诉我，直到现在很多波兰人提及犹太人时都还说，这些犹太人活该。反犹太主义在当今的波兰都还有很大的势力。我看着克拉科夫这个城市问我自己，曾经住在这里的犹太人后来怎样了？我在内在看到了一个景象：一大群人想要进入这个城市，但是他们不被允许进入。这些人曾经住在这个城市，他们也曾经住在加利西亚。这些人现在流落在外，他们被挡在城市之外。我停留在克拉科夫的最后一天，去访问了当时的犹太区。克拉科夫这个城市没有被战火摧毁，犹太区的房舍建筑物也都保存完好，犹太教堂依然矗立在原址，很多商店的名称还是用希伯来文写的。我望着这一切，突然之间，我看到了旧时的居民站在窗前向外看着，他们的双眼都噙着泪水。

⊙这是您内在的画面吗？

是的，我真实地看到，也真实地感受到他们。我就是这样面对着他们。

那天我们离开后去了卡托维兹（Kattowitz）。我那天晚上要在卡托维兹演讲，演讲的场所是个很大的交响乐礼堂。当天晚上礼堂坐了很多人，超过一千人，有很多人无法进入会场。我告诉观众我的亲身体验，也告诉他们，波兰人的内在心灵缺失了什么。我告诉这些波兰听众，他们应该尊重以前在波兰的所有犹太人，要在心中接受认同这些犹太人，并给他们一个位置，假如他们这样做，他们的心灵会变得无限广阔。

那次波兰之行我们还经过了西里西亚（Schlesien）地区。在北西里西亚有很多工业区，大部分的工厂都已经关闭，整个地区荒凉得毫无生气。这里缺少了西里西亚人。缺少了西里西亚人对这个国家是极大的损失。政治在这里根本就不重要，也不需要有什么政治上的改变，但是西里西亚人还继续是波兰的一部分。

⊙您说西里西亚人是波兰人的一部分，您指的是什么？

我指的是灵性层面。居住在那里的所有人，都应该在灵魂中给曾经住在那儿或是被驱逐离开的西里西亚人一个属于他们的家园。如果可以做到这点的话，波兰人的心灵可以马上得到很大的力量。听我演讲的人都愿意敞开自己接受我的观点。我现在解释的这些，也向您表达了我对受害者抱持的态度。

⊙这也适用在德国吗？犹太人在德国也需要他们的位置吗？

当然！

⊙您说的位置应该在哪儿呢？我想到的是由丹尼尔·利贝斯金德（Daniel Liebeskind）设计的、在柏林争议很大的巨型纪念碑。

犹太人需要一个我们心中的家园。那些抨击我的人其实没有在他们心中给犹太人应有的位置。这些人拒绝面对真相，拒绝看向未来，他们只看着加害者。在他们的心灵中没有给犹太人留下应有的位置，就像那些加害者一样。

我与加害者保持距离

⊙ 您怎么知道批评您的那些人，在他们的心中没有给犹太人位置呢？

我所说的是在心中，给予他们应有的位置。这跟发表言论或是要求设立纪念碑的意义是完全不同的。当我在波兰时，我当然也面对了加害者，来自四面八方不同的加害者所犯下的罪行，有德国人、俄国人，甚至有波兰人——我看到了所有的加害者。但是我没有权利对加害者做任何事。只有受害者才有权利和加害者一起去面对曾经发生的事。

⊙ 您想说明的是？

我所说的是：我与加害者保持距离。一方面，我尊重受害者，只有受害者有权利面对加害者；另一方面，也只有当受害者面对加害者，与他们站在一起，在"神"的面前，面对受害者与加害者之间所发生的一切（无论我们对"神"这个词的理解如何），受害者才能找到内心的安宁。至于那些为了显示自己的重要而宣称要捍卫受害者的人，他们是否真的站在受害者的一方呢？他们真的从心底尊重受害者吗？

⊙您是从政治立场,还是从心灵层面来表达这个观点?

在那些领域里,所有改变都是从心灵和精神层面开始的,唯有了解和认同这一点,在政治上才能有所作为。因为,不是政治决定意志,而是政治跟从意志。

⊙这样说来,您所说的都与灵魂和精神有关?

从一方面来说,是这样的。当然这最后还是会有政治的后果。如果德国人能够认同这个道理,承认当时所发生的一切是受到了不知名的巨大力量的驱动,那么德国人可以停止批判。这样一来,德国人与加害者就能在同等的层面上站在一起,去看待历史。

⊙这样的说法到底是一种政治表述,还是关于神秘性的论断呢?

一切始于洞见。

所有人都共同参与了历史

⊙戈培尔[一]曾经说过:"人类其实只是作为一个历史事件的工具而行动,这远超我们认知的能力,至于人类对此是否有意识,这毫不重要。"

是的,确实如此!

⊙这正是让我担心惧怕的回答,您竟然会对约瑟夫·戈培尔的论点表示认同!那么您的洞见与约瑟夫·戈培尔的认知有什么不同呢?

戈培尔的这番话再次说明了,他并非将自己认作为一个独立的行动者,而是将自己视作整个事件的一部分被带动着,这个历史事件不仅仅卷入了戈培尔,被卷入的是整个德意志民族。可是,究竟是谁诱导了谁?到底是"领袖"诱导了德国民众,还是德国民众扶助了"领袖"?

[一] 保罗·约瑟夫·戈培尔(Paul Joseph Goebbels):1897—1945,德国政客,担任纳粹德国时期的国民教育与宣传部长,以铁腕捍卫希特勒政权和维持第三帝国的体制。——译者注

⊙ "究竟是谁误导了谁？"为什么这个问题对您来说很重要？

如果好好研究这个问题，我们看到的是另一个层面的含义。就像威尔弗里德·欧文（Wilfried Owen）的诗作《奇妙的相遇》中的最后一段，里面描述了一个男人，在战斗中死去，而前一天他杀了一名敌方的士兵。他们俩在逝者的国度相遇，相互看着对方并自问："到底发生了什么，这一切有什么意义呢？"

诗的最后一句写道："现在，让我们沉睡吧！"然后一切都结束，成了过去。这种认为我们与一些完全不同的东西相联结的态度令我们谦逊。傲慢逐渐停止。然后，无论加害者、受害者，还是纳粹分子，都不再扮演自己的角色。所有的人在这个历史事件中都在同一条船上，共同参与了这个历史的运动。能够承认这一切最终是一种宗教般的行为。

⊙ 您所受到的抨击，往往是建立在政治意识形态的层面上，对很多人来说，您所发表的言论使您被看成"棕色的海灵格"，甚至是一个反犹太主义者。

我经常尝试着反驳这些抨击。但这一切终究要回到内在层面。很久以前我曾经做过一个比喻："公牛因被红布蒙蔽了眼睛而盲目。"诚如很多人听从"'上帝'的旨意"，仅仅如此，他们盲目地攻击，没有好好思考和探索事情背后的含义到底是什么。

⊙ 这也就是为什么我重新提出这个与背景有关的问题。我发现那些长期从事心灵探索与研究，在灵魂中已经放下纳粹时期所发生的一切的人，他们在阅读关于希特勒的文字时，内心的感受与那些自诩为政治上受害者的人完全不同。我想知道为何您选择在大学这样的公开场合说出那些话呢？那里完全没有留给灵魂过程和哲学思考的位置，真的有挑衅的意味。

您想想是哪些人需要这样的洞见？

⊙那些蒙上红巾的人是无法看见真相的。

当我这样表达的时候，有些东西就会开始移动。我所表达的并不是解决方案。但我所说的可能会触碰到那些拒绝接受的人，他们自以为是，总是认为"啊！我比别人强多了"。

⊙您是如何得出这个结论的呢？您发表的言论会不会反而让这些人更加肯定自己的态度，让他们可以扮演审判者的角色进行抨击？

我尝试着想象那些反对事实的人的内在感受，我的结论一定触动了他们心灵内在的一些地方，要不然他们没有必要产生这么激烈的反应。因此我的论点一定触动了他们想极力回避、不愿面对的个人问题吧！但是从本质上来说，我不关注这些人的反应，如果我那样做，就会迷失自己，失去我的自由和我的洞察力。我为何需要一直关注那样的人呢，难道我怕他会错误地向我报复？

更何况，我并不是以个人的名义在表达，而是站在一个事件的移动角度上来阐述的。我表述的是冲突的一部分，是人们必须面对和解决的，在这一点上我不会退缩。

⊙您是启蒙者吗？您想形成什么影响？

会产生怎样的影响，我并不十分清楚。这是我们到目前还无法得知的，这是一个开放的问题。

⊙但是，有一些影响已经产生了。巴伐利亚各地的成人教育学院不允许提供家族系统排列的课程和工作坊，在汉堡也不允许。在瑞士，海灵格的名字与异端分子的名字并列在一起，排列的整个工作方法受到质疑攻击，许多已登记要参加讲座的学员也取消了报名，因为他们感到害怕不安。这些还不算影响吗？

这是冲突的一部分。真正的影响及后果要到20年后才会显现。我不会让自己被目前这些肤浅的论断而激怒，受其影响。

在《帝国的毁灭》这部电影上映前我就已经说过。这部电影让民众再度广泛地讨论希特勒这个话题。令人惊讶的是，德国人仍然深深地被希特勒束缚着，而能够从根本上超脱的人是多么少！

⊙您是否会去观看《帝国的毁灭》这部电影？

不会。对我来说，这个章节已经结束了。我可以将希特勒作为一个"普通人"看待，而不必感觉自己愧疚。我把他的所作所为，看成是一种服务。多么令人震惊啊！电影中也是这样表现的，没有任何人可以逃脱希特勒的影响。这是多么不可思议，不是吗？最终无人可以从他那里逃开。电影情节描述到，希特勒的建设部长施佩尔到碉堡中探望希特勒，就算到那个时候希特勒的部下们也不敢反对他，由此可知在这背后有一股很大的力量在驱使，这是股使所有的人都屈从的力量。无数计划暗杀希特勒的行动，都以失败告终，对我来说这显示了，这场运动必须无情地走到其终点为止。是其他的力量驱使着这场运动。我没有必要去通过这部电影来了解这一切。

⊙这么多人去看这部电影，您认为证明了什么？

这是吸引，尤其当这一切未能了结时。人们想要看到希特勒作为人的一面。大家希望由此得到一些什么，正是吸引力之所在。

⊙您到底想表达什么？

有一些事情还没有了结。对我来说，这能解释这种从众行为。这也向我证明了，很多德国人在灵魂中，还做着无力的尝试："不能将希特勒视作一个人"。这样做什么帮助也没有，抵抗不过人们内心深处对希特勒的巨大兴趣。有一些问题还没有得到解决。我尽我所能这样去看待，从人性的角度去理解这一切。我无须掩饰自己。

⊙但这让许多人对您反感，也产生许多的质疑及不安。

这一切都是整个事件移动过程的一部分，那些感到不安的人必须面对事实。我不会为他们免除这些必需的经历。

⊙许多人甚至是您的熟人，或是家人，他们都希望您能够为自己辩护，提出义正词严的反驳。

确实是如此。可是我决定不对此发表任何言论。我不会受影响，被他们拉到他们的层面去。沉默是我对这些攻击和反对的唯一回复。

⊙当您说到这无关个人，而是整个运动的一部分时，您的立足点在哪儿？

我所经历的洞见每次就如同得到礼物一般。我发展的家族系统排列方法的效应也不来自于我个人的独创。我没有任何要求，也不做任何宣传。这是一股生发于内在的力量，不属于我自己。即便在我的著作《上帝的沉思》（*Gottesgedanken*）中描写的有关希特勒的章节，也是来自对这股力量的洞见。

良知与愧疚

在爱中我是自由的，又是与人联结的
关于成人的自主与叛逆

⊙对于许多人来说，您所说的是一种苛求。您说有关人的观察认知取决于我们所属的场域，我们在这个场域里移动，相互联结，我们"被主宰着去服务一些更大的力量"。以及这些移动是由一股更高的力量主宰的，就连我们的意识也不是自主的，也受到我们的原生家庭或我们所属的社会团体的影响。那么自主和自由在哪里呢？我们在什么范围和程度上受到影响和被限定呢？我们又有多少空间去行动和改变呢？这些都是围绕着海灵格哲学，经常被提出来进行讨论的问题。也有人反驳您，认为您对人的看法是宿命论的观点，甚至是极权主义的。生活在当今社会，人们拥有所有的可能性，可以有意识和合作地去规划自己的生活。治疗师是为了帮助人们排除他们生活道路上的障碍的。当今社会的人到底拥有多大程度的自主？您的哲学和家族排列又为这种自主做出了什么贡献？

在这种意义上，自主的概念是哲学的，从经验的角度来看是站不住脚的。我们每个人都有着我们父母的烙印，都在一个我们所属的场域中移动，我们的祖先、已逝者、我们的行动都存在于我们的生命中，所有的人、事、物都自始至终地存在着。我们就在这个场域中移动着。我被这伟大的移动所承载。我与家族和血统的联结都不由我的自由意志决定。我就是其中的一分子，在这个场域中，我也会有我的移动。而这在多大程度上受我的影响，也与我无关。

⊙主体的概念也是两面的：服从和自主决定。您强调联结，也就是强调服从，看轻所谓的自主。可是整个20世纪70年代的心理治疗运动都将个体的自由视为重要的目标。埃里克·伯恩就曾经尖锐地说过："我爱你，与你何干。"在过去的40年中，我们是否过分地强调了个人自由，也许是对一个极权社会的逆反吧？

我仅仅是发表对于自主和自由，以及它们的边际的观察。在我15年来的家族排列工作中，我所看到的，就是我表达的一切，除此之外并无其他。其他人也能观察到，他们可以审视，在家族系统中到底有多大程度的自由存在。领养就是一个很好的例子。在领养这件事中，什么是自主独立，什么是自由。在领养这件事情中既没有自主独立，也没有自由。所有的排列都展示了我们是在一个系统里相联结的。

⊙自主独立的观念是革命性的，现代人无法想象失去自主权。这是对"吃谁的面包就唱谁的歌"的反叛。思想自由，宗教自由……所有这一切都与其有关。

自主独立的概念尝试着为分离寻找理由，为达到特定的目标而服务。自主独立像是一种政治性的口号，是将自己从过时的家长式主义中解放出来的论证的一部分。从这个意义上讲，它的目的是使一些联结松懈。自主在生命中当然占有一席之地，但是若把自主独立的观念广泛应用到所有的方面，就会失去控制。没有任何一个孩子相对于他的父母是独立自主的，这是不存在的事。没有任何一个人面对他的祖先，或面对生命和死亡，是独立自主的，这也是不存在的事。

自主独立和自由只有在特定的和具体的环境和情形中是有效的。所以，服务于一个好目的的自主独立和自由，应该或者说必须受到支持。也正因为如此，即使我的言行不讨人喜欢，我也常常以独立自主的形式去行动！在这个过程中，我并非是独立的！只有当人意识到我们并非自主独立，而是属于一个系统并在为这个系统服务时，自主独立及自由才能真正存在。

当然，在我们所属的系统中，我们无法只按照自由意识行事。您也许知道一部名叫《平衡》的电影短片，在短片中有五六个人站立在一个巨大的钢铁平台上，这个平台下方的中间点有根柱子支撑着。平台中央放着一箱珍宝，四个人分别站在平台的四个角上，另外两个人站在珍宝和平台的边缘之间。当有个人开始往珍宝的方向移动，其他的人必须适当做出反向的移动，否则失去了平衡，平台就会倾倒，所有的人都会跌下平台。当第二个人也开始移动时，连带着所有人都必须改变自己的位置，这样一来才能维持平台的平衡状态。

⊙这部短片的设计发人深省，片中的情节有如社会系统的运作。如同您描述的有三个基本动力，即序位、联结、平衡。这些是系统属性，用一句话简单概述：不论是在人生活的环境还是工作的环境关系中，这些动力时时在起着作用，这些基本的动力引领我们走向关系的成功，或者造成关系的纠缠。在对您工作的议论中，有些人认为这些系统特质是您的创见，认为这样的论点是您试图将个人的观点带入并强迫他们接受。从《平衡》这部短片中我们可以清楚地看见这三个系统特质的作用，所有的人都与其他人相关联，没有人能够真正单独存在，所有的人都与其他人联结在一起。在这样的系统中，我能够理解您所强调的自主独立的有限性。

至于我们是否在为一种更高的力量服务，这又是另外一个问题。您在即将80岁时说出这番理论自然让人理解，但我想我那20岁出头的儿子感兴趣的是他个人的自由及自主独立。

确实如此。光是看着年轻人充满对未来及自我生活期待的脸庞，就让人感到赏心悦目。当然，现实的人生并非如年轻人期待和想象的那样，但他们对自己未来期待的这份全然相信，本身是一件无比美好的事情。

这种热情与期待也是生命过程的一部分，我并没有想评判这样的想象是正确或是错误，只有一条直线的人生道路是毫无创意的。

当然"我们都受一种更大的力量支配并为其服务"或者说"我是自主独立和自由的"这两种说法毕竟有很大的区别。再则，至少对于自身发展一些脚步，这也是最关键的。

这就像在驴子面前吊着一根胡萝卜，这样驴子就会乖乖地充满希望地拉着重物向前走。

⊙ 如果上了年岁的人还总是说"我是自主自由的"，这样有何不妥吗？

我想请问一下，如果上了年纪的人还说出这样的话，那他的实际心智年龄到底多大？在他的生命中，他的人生经验到底有多少？这样的话语充满青春期的叛逆，这不过是青春叛逆期的挑衅罢了。青春叛逆的青少年时期说出这样的话是可以理解的，但这句话不是什么时候都可以说的。

我观察到很多人的思想和行为，与他们所属的场域力量有关联。我们所处的场域决定了我们所能观察到的和我们的所作所为。当然，在我们所属的场域中，我们也有一定的自由度，但是认为自己能够完全自由脱离所属的家族场域的想法，是一种不折不扣的幻想。这种幻想，已让许多人付出了代价。

⊙ 请您解释一下，在这段话中您想说明的是什么？

假设有个人说，"我要完全自由自在"，那么他将会怎样做呢？他会对别人做些什么？自由的呼唤使他有权利跟他人分开或是拒绝他需要履行的义务，譬如抛弃自己的孩子。其实，这样的自由意味着"我切断我的联结"。这样的状况下，这个人会完全专注在自己身上。如此的自由会带给他什么？这样的自由不会给他带来任何事物，他用这样的自由什么也做不了。这样的自由是完全空洞的。那么一段时日后他会怎样呢？

这个人会进入一段新的关系之中。

　　他无法忍受这种自由。因为这种自由意味着：没有其他人的生活。但是，没有人可以没有别人而存在！他就会进入另一个联结。那样的话，这种自由就不在了。一旦一个人进入一个联结，自由就消失了。特别是有孩子的人，根本无法再是全然自由之身。但是有孩子的人生命充实满足，在这份联结中他也是自由的，可以以不同的方式做许多事情，可以自己决定要吃什么食物、从事什么性质的工作、结交哪些朋友。因此，自由存在于一定的限度之内。这样的自由对所有的人都有益。可是要是有人说我要我自己完全自由,他就是在切断联结。一个人在与他人的联结中同时又感到自由,那么这样的自由是相联结的自由,而另一种真空般的自由是无联结的自由。

⊙自主所强调的是所有的关系之外的自我,您所谓的自由则是强调系统层面的联结。但是,您所说的自由也必须有其界限,是吗?

是的,当然是这样,但我们是在另一个层面探讨问题。分清界限是关系设定的一部分,而不是对关系的质疑。

狂热主义暗含着一种妄想
热情与回归中心

⊙到底是什么使划分界限在社会层面上如此困难呢？我们曾经提到场域，按照您的观点我们每个人都在其中相联结，那么您又按照什么依据来判断社会的运动？

我只关注它们所产生的效应，我在观察心灵的移动。一些社会运动热情高涨，它们的追随者都有着共同的灵魂状态、热情和狂热。所有无比热情的狂热都已远离了现实。

⊙您认为希特勒这样的人并非狂热分子？

他们所表现的也是狂热，但以一种不同的方式。他们可以说是着魔了，而他们的追随者是狂热的。狂热本身不会有如此大的影响力，有影响力的是其他力量，因为这些力量推进了事物的移动。

⊙即便希特勒这样的人是着了魔，可就您的论点听起来这些人似乎比其他人还是好的？

他们并不以个人的力量来推动事物的进展！他们被一种更强大的力量的移动所支配，这些移动的力量使我们无法自由。例如，纳粹主义的社会运动让整个德意志民族身不由己，几乎无人能够公然高声反对纳粹主义，所有人都陷入胜利的狂热之中，包括军事上的胜利。只有极少数人例外地不受狂热传染。这个巨大的运动彻底模糊了人们的视线，即使是知识分子或是教会人士也不能幸免。这个巨大的运动背后的力量非常强大！所有的人都受支配，在这样的运动中只有极少数人能够保持自己的清醒理智，在其他地方拥有自己的避风港，能保持一定的距离。但这样的人屈指可数。

⊙您宣称这是我们的心灵受更高的力量支配，与更高的力量联结。我如何能够察觉自己被更高的力量所牵引支配呢？

如果您受到牵引支配，您就不再能"归中"。能够跳脱支配，回归自我中心，与这股力量保持距离，是一种很强大的成就。

⊙您说到许多大规模的社会运动多少都有狂热的成分，这听起来是病态的？

狂热和着魔，对我来说都是相同的。如果我被一种想法或感受深深吸引而着魔，我便容易热情无比，处于狂热状态，我就脱离了现实。狂热、脱离现实并非病态，它们都是人性表现的一部分。要是能够永保自我内在的清楚觉察，那便是相当不凡的成就。要能够理智地保持距离，能经常自问：我所想象的理想境界到底是怎么样的？它到底有机会成为现实吗？它切合实际吗？甚至许多争取和平的运动也带有狂热的一面，比如想象不通过冲突就可获得和平的想法。

我们就用足球赛为例，请想象一下：置身于众多的足球迷之间，你设法内在地和外在地与周围的一切保持距离，这样会对你发生什么？你感觉如何？

⊙ 我感觉会不好。

无须多久，你就会被其他球迷另眼相看，甚至遭到他们的攻击。在场的球迷们会发现你不属于他们的一分子。这个简单的例子说明了，我们是如何深受自己所处的场域力量的支配，自主独立在实际冲突中是如此的无力无助。

⊙ 让我们再回到狂热这个话题上吧，狂热究竟出现在哪里？

在热情掀起的地方，热情都带有疯狂的成分。

⊙ 真可惜，狂热其实是很美好的一件事！

人们都需要适时地享受热情狂热的感觉，因为我们都需要暂时忘却理智和现实。例如在狂欢节、新年。永远只有理智是不切实际的幻想，也是荒谬的。

⊙ 在庆祝活动、大型聚会成为共同拼搏的目标时，热情将人们非常紧密地联结。它凝聚着相当强大的能量。根据您的观点，只要是在群众运动、热情主义，以及集体的感觉作用下的庆祝，狂热就会与你我在下一个转角处相遇。

狂热不在下一个转角处，狂热就存在于其间。

⊙那么你又如何看待因为热情主义而凝聚的能量呢？这样的能量具有力量并且能够推动群众，不是吗？

没错，但是狂热主义也会使人失去人格。身处狂热主义中的人就不再是他们自己了，他们受到另一股力量的驱动，他们无法客观全面地进行思考与观察，反而狭隘地限制了自己的视野，这也是为何狂热主义是很危险的原因。狂热主义会让人感觉良好且优越，即使什么都没做，都会自觉内心高尚与伟大。就像在足球赛场上，球迷虽然没有亲自踢球，但是光是看到自己支持的球队获胜，就自认为是胜利者。在这种场域中，人们很容易失去对自己的控制。

做好事时没人会提到自己的良知
有关"好的良知"的幼稚理解

⊙您对良知意识做了很多研究,这同时也是您洞见中的核心部分。这些洞见有非常深远的影响,因为良知与道德及愧疚感有关联。我想问的是,您怎么会想到要探究良知的作用?您是想要发掘了解,为什么您的来访者们会有如此深的愧疚吗?

我发现人们会以不同的方式去经历和体验愧疚。我们常常谈论愧疚和愧疚感,但往往愧疚和愧疚感的内涵是完全不同的。譬如说我亏欠某人什么,与感受到被诅咒或者坏的良知是完全不同的。我们有各种各样完全不同的方式经历和体验着愧疚。据我观察,最可怕的愧疚体验是被排除在外。反之,最深刻的清白感的体验就是被允许归属于群体的安全感。相互联结与归属于我们的群体是人们最深切的渴望。

⊙为什么有人会被排除在外?被谁排除在外?您说的是家族成员,还是一般的团体成员?

良知始终是集体良知,良知不是个人的良知,集体决定个人的感受。处在对我们生存最重要的集体中,会让我们个人体验到最深刻和最有威胁性的罪恶感。良知为我们与这个集体的联结服务，也为我们的生存服务。良知首先是一种用来进行觉察我们所属系统的器官，借此我们可以立刻察觉和随时随地感觉到，自己是否能够继续属于我们的系统和团体，可以了解我们的行为是否会威胁到自己在家族或其他重要集体中的归属性。这是我关于良知做出的决定性的洞见。

⊙这样的说法也许适用于孩子，为了生存，孩子需要父母的照顾。除此之外呢？假如我们离开一个团体，没有人会因此而夺去我们的生命，使我们无法生存下去。难道我们真有各种不同的良知吗？难道没有一些可以让我参考的依据，比如我想表达更为崇高意图时的良知标准？

不是的。我们有不同的良知是因为我们所属的团体不同。譬如，面对父亲的良知意识，与面对母亲的良知意识不同；在职业中我有一种良知，在我的教会或是在我的朋友圈我又有另一种良知。良知的标准取决于我想要或必须属于哪里，在不同的团体里，我们的良知会立刻做出判断，使我们的行为举止符合当下的团体。

⊙这意味着，我们所谓的"道德"，只是联结同一个团体的所有成员的黏合剂？

更像是一个我究竟该怎么做，才能够让自己可以归属于这个或那个团体之中的声明。但我们必须区分家族和其他的团体。我们面对父亲时的行为举止与面对母亲时的行为举止的不同跟道德规范无关。我们只是观察到该用什么样的举止行为面对父亲或母亲，讨得他们各自的欢心，让父母都爱我们。然而，道德始于一个大的群体中对特定的思想或信仰的追随，任何偏离的人就会被团体排斥出去。

⊙因此，从某种意义上来说这是有区别的。一方面，只有具备明确的界限时才能成为一种道德：我与你站在界限的同一面，我与你有相同的位置，对事物的看法一致。那么站在界限的另一面的就是坏的（良知）。我们是否可以把道德当成一种社会机制，与个人无关，其标准也会随着时代的观念不同而有所发展改变？另一方面，良知告诉我该用什么样的举止行为去面对我的父亲和母亲，而道德决定了我是否可以有好的良知？

可以这样理解。当父亲或母亲处罚孩子时，他们这样做不是因为看向孩子，而是看向更高层的目的。他们对自己说：我们必须教育这个孩子，我们不能由他太任性，孩子应该要顺服，要对人寒暄礼貌，要谦和友善，要勤奋学习——这些都是道德规范！他们遵循道德规范，带着好的良知惩罚他们的孩子。或者用军队中对待逃兵的例子来解释，军队中有制裁逃兵的法律，阵前脱逃者会被枪决或砍头，格杀勿论。军队中的执法者认为自己是在完全符合道德法律地处罚逃兵，这样做时他不需要跟随自己的良知。他只要参照军队中的道德来严格执行即可。只是，他是通过自己的良知来感受这个道德的。

良知只是感知的器官，除此之外没有其他。当我们自觉比别人优越时，道德就会介入。通常首先发生的是，某个团体觉得自己比另一个团体优秀，特别是当它把另一个团体当作威胁自己的一方时。良知推动了为防御别人甚至毁灭对方，而产生的侵略性行为。道德总是与毁灭推翻别人的欲望相结合。战争便是最好的例子，政坛上的党派纷争冲突也是同理，每个党派都想要毁灭和战胜异己。它否认了其他人与我处于同一层面的可能性。

⊙当您提到"良知"时，"良知"并不是指善良或高尚情操的表现，您所谓的"好"指的是确保我作为社会的一分子而生存的意识，是吗？

完全正确。即使我的行为从人的角度来说是该被惩罚的。但是，对我个人来说，唯一重要的是：我该如何竭尽所能，才能归属于我的团体，成为其中的一分子。

⊙在您所有的观点中最创新的是，一方面，对于一直以来被认为是个人的愧疚感觉，您给予了一个系统的解释，指出罪恶感与个人感觉无关，而是系统的良知。另一方面，您指出良知只是一种人类生存的迫切需求，您摘下了文化给良知带上的神圣光环。您完全脱离了我们的文化所崇尚的良知的含义，这样的说法非常具有挑战性！不是吗？

做好事时没人会提到良知，只有在人们说"我现在得迫使你达到极限，我必须惩罚你，我必须强迫你"，或者"我要关押你或杀了你"或其他类似的情况时，人们才会无休止地提到良知。我们在对良心的诉求中，伤害了其他人。

⊙我还是不完全清楚您的意思。让我举个日常生活中可能发生的事情为例子。假设我挺身保护一个路人不受到另一个人的伤害，我之所以挺身而出，是因为如果我袖手旁观，我会良心不安，有负疚感……

你也可能会为了保护和捍卫那些有价值的东西，而赌上你在某个团体的归属。

⊙但是当我出于良知介入此事，保护被伤害的人，我又会对谁产生什么不利呢？对想要伤害人的那方吗？我不太明白？

出于好的良知你为保护他人而攻击加害者，你的行为就是攻击了加害者。

⊙可是在这个例子中我并没有任何恶意啊？

你攻击了加害者。你对加害者有愤怒，希望他发生些什么。至于恶意或是"坏"的这种说法是道德的判断。

⊙不，我仅仅希望能够保护那个受害者！

我们可以这样解读你的反应：你选择站在受害者的那一边，你反对加害者,你希望加害者发生一些事情。

⊙不是的,不一定是这样的。我可能只会说:"假如你不放过他,我就揍你!"我的目的不是让加害者受伤,我只是想要保护受害者。

在这种情况下,你并没有做出有关良知的决定。你只是服从了人的本能冲动。就像看到小孩溺水时,我们会赶快把孩子从水中拉上来一样,这种行为与良知无关。通常,帮助别人是人类的本能反应,当别人有急难时,我们会自然地去帮助。

⊙我想再问一下，因为这样听起来真的不太人道：有人被打，在旁的人却都不插手；纳粹光头党尾随外国人，对他们拳打脚踢，整个村庄的居民却都坐视不管。人们面对这样的状况不禁会问："难道这些人毫无良知吗？就任凭暴行发生，在一边袖手旁观？"对此您会说，那些默许旁人坐视不管的群体，拥有另类的"道德"。所以，外国人被拳打脚踢是可以被接受的行为吗？

就是这样！因为他们自认比外国人优秀，所以可以对外国人拳打脚踢，动手动脚。

让我们再回到前面援助人的那个话题上。如果有个人说"出于我的良知我必须采取这样或那样的行动"，那么这样的话表示他事先是经过考虑的，这不是一种本能反应。这就是区别所在。我至今所观察到的是，通过良知而采取的行动总是对其他人有害的，是限制他人的。

⊙那些在纳粹时期曾藏匿犹太人的人呢？

这是一个很合理的例外。我觉得这样的举动就像您援助路人的例子，直接地帮助有需要的人。

我相信那些人并未经过自己的良知思考，去决定该如何做才好。他们的作为纯粹是很直接自然地听从了一种人性的本能反应。本能的反应与事先经过良知思考而采取的行动，其内在过程是不同的。

良知只有在很狭隘的范围内才有意义。这是件好事，否则一旦人们将它在团体甚至整个人类中普及，就会开始产生优越感。然后连"上帝"都会成为道德的，这种道德是我们制定的道德。这一切真是荒谬。

有意识的、痛苦的参与
关于不可避免的愧疚

⊙在小型团体中良知作为维持平衡的觉察是有用处的,但是放在大型团体中只会由于造成排挤而带来破坏的作用?

我把良知划分为两个部分:首先是归属与联结,这个部分我们之前已经谈过了。另一个部分则是平衡——施与受之间的平衡,是否达到平衡的需求也是我们通过良知来控制的。这是良知的两个部分,不能够混为一谈。

⊙但基础的部分是联结的良知?

是的,在联结中才能感受到最深刻的愧疚感。

⊙您经常使用"好"与"坏"作为修饰词。对您而言,什么是"好的良知"?

一个想要做好事的人,往往必须超越他的良知。当他参照自己的良知,那就是他内在的"小孩儿"在主导游戏。但相反地,当这个人说"我看见了所发生的事情",他似乎是在"表演",在"表演"中他涉足其中某个部分,使一些事情恢复秩序,这时他的行为和做法是策略性的，与良知无关。他的行为准则是：什么是可能的，什么是不可能的。举例来说，这个人可以在秘密组织内从事工作，许多抗战的战士就曾经在那些组织内部工作，他们有策略地参与工作，以等待着正确可行的机会。我们可以说，从某种程度上他们的工作与他们的良知无关。他们没有把自己的良知与对自己的损害联结起来。

这就进入了下一个层级！一个成年人能观察到整个游戏，他没有像孩子那样，为了内在感觉"良好"而被捕去坐牢，他选择了有策略性的行动。

⊙ 所以我们还是有机会脱离与我们良知所属的团体的联结？

以这样的方式来看待，是有机会的！就想想阿登纳吧，他做的事情就仅仅是等待。再说个德国士兵的例子，他接到射击敌方的命令，但他没有执行命令，反而跑到了反抗军的一边。这是很不明智的做法。

⊙ 您说他的做法不明智？在我看来他是牺牲了自己，因为他的良知与射杀他人两者无法统一。

他这样做，让他自觉清白，觉得自己很伟大。清白感让人觉得自己比别人更伟大、更优越。但是反抗军根本就不想要他的加入，塞尔维亚人也不会为这个德国士兵立纪念碑，这是很悲哀的事。这个士兵应该朝空中开枪。

⊙当我想象这个情形时,我从心底敬佩这个士兵,他宁可牺牲自己,也不愿变成夺取他人性命的罪犯。您说他应该朝空中开枪,我感到愤慨。

我想说的是:这个人受到了他自己设想的限制。当然,这一点是值得尊敬。但是,他自己的设想是他会被另一个团体(反抗军)接受,他可以就这样简单地离开自己的团体。可是这样是行不通的。他跟另一个团体的人一点关联都没有,最终他孤立无援,站在两个阵营的前线之间,无处可归。这很悲惨。士兵在战场上就必须开枪射击,而不能只是站在那儿不采取任何行动。他与他团体的愧疚和清白是相关联的。如果他认同这种关联,他就能踏出超越这个狭隘良知的一步。认同使这一步成为可能。他就能够看到什么是不可避免的。这让他得以超脱道德优越感和狂妄,也能让他直视并面对无法逃脱的事实,学会臣服。

⊙这听起来似乎是自相矛盾的:当我全然接受自己属于某个团体时,就可以走出来或者只站在旁边?但您还说,出于狂热的参与与带有觉察的参与不同,因为人无法摆脱罪恶感。

是的。那样人们就认同了这份愧疚。

⊙这样说来一种是盲目的参与,而另一种则是……

有意识的、痛苦的参与。这使人谦卑。

⊙脱离了所属的团体，也无法属于任何其他的团体的人，就很可悲。

是的，他依然是个小孩子。成年人知道愧疚感是无法避免的，也接受认同这个事实。成年人知道，不管如何做都无法摆脱愧疚，他会根据自己所处的情况去判断，做出最适合的反应。

⊙那我们不都还是孩子吗？"他是小孩"这样的发现对我有何帮助？是不是就可以很轻易地评判说："是啊，当然，他还未长大成人？"这让人听了觉得很恼火。

这不是判断，这是对这个人不愿跨过界线成为成年人的确认。他停留在小孩子的阶段，被困在那里，不能有任何行动。他自己虽然感觉很好，但他没有任何移动。

⊙当您说"他们完全不移动"指的是什么意思？难道我们的所作所为都必须有用处吗？

不是的，我想说的是，想要有所作为的人，就必须明白愧疚感是不可避免的。没有一个政治家能保持清白无辜，他们必须承担着愧疚感。毫无罪责的状况绝对不可能发生。罪责在很重要的层面是无法避免的。接受这个事实，并且在这样的情形下能够权衡，寻找最佳的解决方案的人，是拥有最合适的处理方式的人。但是他不可能有好的良知！因为他知道：这样做糟糕，那样做也糟糕！他会衡量所有的事物，但无论他做什么，都是有愧疚的。

⊙我记得德国前总理赫尔穆特·施密特（Helmut Schmidt）在汉斯·马丁·施莱尔（Hans Martin Schleyer）被谋杀后，在联邦议会发表演讲时也说了类似的话。他面对的情况是，是否应该屈服于恐怖分子。他很清楚他牺牲了汉斯·马丁·施莱尔。但无论他最后的决定如何，他都必须承担罪责。赫尔穆特·施密特也在另一次访谈中说道："直到现在，我都感觉到汉斯·马丁·施莱尔还在盯着我看。"这就是说：决定总是有风险的，会带来愧疚？

在这样的情况下，根本无法预见这个决定会产生什么后果。我做出了一个决定，认为这个决定会带来好的结果，我往往观察到这个决定的结果恰恰相反或更糟糕。很多人以为自己在追随的是一件有益的事，可是当他们突然清醒时，才注意到真正发生的是什么。我们根本无法确定自己行为的立场是什么。这是一个人性的立场。我接受一切如其所是，我无法做出所谓"正确"的决定，也无法预见结果如何。但无论如何，我承担一切后果。

⊙个人的责任感就彰显于此：不将自己的行为所造成的后果推卸给其他人。您提到，我们不知道自己的决定会引发怎样的后果。换言之：当我超越良知，做好准备，去承担自己的决定所造成的后果时，我是成年人，我的行为就是恰当的？

我们不能这样将它们等同看待。这里重要的是，人们应该认识到人性的局限。这就是我所说的"好"。

那里，是个人主义的终点
原始良知和场域

⊙ 您常会提到"场域"，场域和意识有什么关系？

我们有道德良知。它规定了我们要怎样去做才能归属于我们的团体。我们都能够感知到"好的良知"或是"不好的良知"，清白感或愧疚感。我观察到，还有另外一种良知。我将其称为"原始良知"。它不是通过清白感或是罪恶感显现的，它比道德良知更古老，它是真正原始的良知。

⊙ 它与联结有关吗？或者与您所发现的序位有关吗？

有可能！人们时常问我，我是如何从家族系统中发现有关"序位"这个观念的。举例来说，家族后代的某个子孙，为何会成为某个被家族排除在外的祖先的代表，感觉到不属于他自己的感受，比如为什么有些人会感觉到被死亡牵引？

我研究了这些问题，并且试着回溯到远古部落时代，想象着当时人类的生活。我想，在当时不会有被团体排除在外的事情发生。所有的人都从属于团体。在那些为了生存，大家必须团结在一起的团体中，没有任何人会被排除在外。在著名的游牧民族马赛人

（Massai）团体中，直至今天都不存在排斥任何成员的情况。

⊙我曾经读过相关的文献。文献中指出，人类花了几十万年的时间进化才发展出让人类得以生存，种族得到繁衍的部落。人类不像动物那样可以依靠本能生存，因为人类不如动物那么强壮有力，人类的感官能力也不如动物那么灵敏。人类是通过系统的学习得到生存技能的。集体行动是生存的基础，随着时间的推移，这种组织行为发展成为人类生存的一种本能。这种"本能"是否就是您所描述的原始良知？这种观点有何重要？

这种原始良知无法容忍任何排斥的行为。这条系统法则至今还对我们的灵魂起着作用。我们可以通过家族系统排列观察到，如果一个成员被家族系统排除在外，在另一种力量的迫使之下，家族后代中的另一个成员会成为他的代表。因此从整体来看，这个被排除的成员就不再被家族系统排斥在外了。这就是原始良知的作用方式，它不容忍排除任何成员的行为。

⊙这与"场域"又有什么关联呢？

没有任何成员可以离开场域。场域的画面与原始良知紧密相连。被排除在场域外的成员还继续存在于场域中，他继续与这个场域中的所有其他成员产生共鸣，他用这种方式而被大家看到。

⊙道德良知没有原始意识那样古老，它用"好的良知"来进行排除，这两种不同的良知如何一起相互作用？

　　它们两者的作用互相抵触。道德使人认为有一些事物是可以被排除的，譬如一个问题、一种疾病或者一个人。但是在场域中，没有任何东西会被排除。基于道德的原因，有时必须排除团体中的某一个人，但是由于原始良知，这个被排除的人要"留"在场域内。因此，在场域中会有人代表他。在家族系统排列中表现为，家族中的另一个成员能够感觉到这个被排斥成员的感受，甚至重复他的命运。这就是家族系统排列能够呈现的"纠缠"，"纠缠"表明了场域的力量和道德的局限性。

⊙我们是否可以这么说，道德良知在"排除"其成员时，并不"知道"原始良知的存在，不知道有这样一个禁止排除任何成员的场域？

　　是的，确实如此。而且原始良知还遵循另一条法则。在原始部落中每个人都按自己的年龄决定他的等级，随着年龄的增长他的等级变得越来越重要。这个序位的先后法则对整个团体的凝聚力至关重要，是所谓的生存要素。只要有一个人挑战这个法则，他就会危及所有人的生存。在很多悲剧中，后代的某个家族成员全然怀着"好的良知"违反了这种原始的等级序位，导致他丧失生命。我们可以从希腊神话、莎士比亚作品，以及从许多家族命运中观察到类似的情节。如果人们打破这种等级序位，他们就会失败、生病，甚至死亡。

⊙这听起来就好像摩西石板上的戒条？

我们必须知道这条法则的重要性。

⊙"道德"是一种进步——例如，希腊悲剧中的奥瑞斯提亚（Orestie），她想要埋葬自己亲兄弟奥瑞斯特（Orest）的这个悲剧。这些悲剧是否就像一条划分道德良知和原始良知的标记线？

从悲剧故事中我们了解到：假如某人违背了序位法则，就是个人对抗团体的个性化行为。这种个性化对于进步来说很重要。而让我们产生罪恶感或清白感的道德良知，服务于这种个性化。所以这些冲突是因个性化而预设的。它代价很高，但也会让我们获得丰硕的回报。问题是：在道德良知和原始良知之间是否存在着一种平衡？

家族系统排列正是为此而服务。

我们之前也提到自由与自主："我是自由的，我没有联结。"这样的观念被家族系统排列中的经验所瓦解。这就像是一种平衡。当我能够认同我是被联结的，这就是个人主义的终点。这样，这两种良知就不再互相对立。这是一种极大的意识发展。几个世纪以来，这两种良知间的抗争使我们付出了血和泪的代价。今天，假如我们能够看到和认知这两种良知间的相互作用，我们就不必付出代价也能获益了。

⊙ 那么这是否意味着，我们在家族系统排列中也要参照原始良知？这就好像在倒退：我们重新回到原始部落，远离自由。

恰巧相反！通过家族系统排列工作的效果，我们看到，是道德良知的盲目性导致了纠缠。而关于原始良知的"倒退"是一种认知。一些被隐藏的东西重新浮现到我们的意识中：没有任何人可以被排除在外。这个认知使我们进一步迈向更多的和平，使我们更进一步地了解到，没有人会因为被联结而变得不自由。

我是德国人，但我不会因此而骄傲
关于和解与爱国主义

⊙让我们重新回到"场域"这个话题。我们可以离开这些"场域"吗？

鲁珀特·谢德瑞克观察到这种灵性场域或形态场域总是不断持续地重复。在这样的场域内无法获得新的觉察。通过家族系统排列，纠缠才能显现并得到解决。这使场域内的一些事物发生了改变，比如，这些变化发生在家族或者其中的某个成员身上，但他并不会因此离开这个场域。

⊙我不明白。让我举个例子，您说所有的德国人，除了极少数人外，在第二次世界大战期间都在纳粹主义的场域中。战后在德国进行了关于团体罪责的讨论，这个论题认为所有的德国人都有罪。您的意思是，当他们提到场域时，从灵魂层面来说，团体罪责所涵盖的范围远远超越了当时的时空，超越了所有亲自参与的和当时经历的人？

是的，这是很显然易见的。关于团体罪责的讨论，关乎我们是否有权将一些个体单独送上法庭。这其实是不可行的，是荒谬的！

真正有意义的是，我们每个人都能对自己说"我也是参与其中的一员"，而不是急于将自己与加害者划清界限，并且说"那是你们的罪责，我是清白的"。

⊙您建议我们采用什么样的灵魂态度呢？

站在加害者的旁边，并且说："我意识到自己也参与其中了。"不仅仅看向被审批的人，而是看到整体，各个方面的残暴。会看到失去生命的犹太人，会看到吉普赛人，会看到在不同国家中发生的事情，会看到在战争中伤亡的士兵，会看到本国的受害者——炮火轰炸的牺牲者。没有指控，仅仅单纯地看到一切。人们会陷入深沉的哀伤，这使我们所有的人联结在一起。这具有让人恢复平静，得到和解的作用。然后，过去曾经发生的一切才有可能过去。

很多其他国家的人很惊讶地发现，德国人不想承认自己是德国人，因为他们不想承认自己也是参与其中的一员。也许他们可以换种方式来理解自己的身份："我是德国人，但我并不自豪。"不，其实很简单地说"我是德国人"就够了，这是一个完全不同的层面。我们有关爱国主义的辩论是完全空洞的。

只要我们还无法共同承认所有这一切，我们就没有共同地正视其他人，他们同样也无法正视我们。和解就始于这个更深的层面。

⊙如果我现在说："是的，我是德国人，我是其中的一分子，我也一起承担这部分罪责。"很奇妙的是，当我这样表达的时候，我并不感到羞愧。虽然我们都是属于这个场域中的一分子，但直接的参与者和像我儿子这一辈什么都没经历过的人，在愧疚感上有怎样的区别？

"愧疚"一词在这里不适用。有愧疚意味着我是有责任的。可是在这个例子中没有任何人是有责任的,整个事件的发生是被一种更高的力量主导的。因此他不得不说:"我是这场移动中的一部分,我无法从中抽离,与其保持距离。"他只需承认他是其中的一部分,也必须一起承担后果就可以了。不需要带着愧疚,这与愧疚毫不相关,也无须感到耻辱。这是一个深刻联结的过程!是深刻的人性,使我们自己对他人敞开心扉,也使他人卸下防卫和抗拒。这样我们才能够彼此相遇。

⊙这个意思是否在说,只要有人设法保持距离并说"我不是其中的一员,我的父亲是共产主义者"或者"我那时还没出生,现在我是个反法西斯主义者",这个场域就无法得到安宁?

"因为我不是其中的一分子,所以我比你强。"他们将其他人推进这个场域中,然后指责他人的罪行,自己却不进入。这是伪善。人们可以观察到这种行为造成的后果:永无止境地继续、继续再继续。总是同样的"陈词滥调",无穷无尽。

⊙假如存在这种所谓的"和平",这种心灵的移动,这样是否会改变场域或化解场域?

场域也许会有所改变,但与此对抗的力量也相当强大。对此,我不会抱有太多的幻想。然而只要有一部分人能够以这种方式在自己的内在找到平和，或者与过去平和共处，那就是一些美好的事情发生了。这对我来说，已经足够。我们举个历史背景下的小例子：想一想第一次世界大战时期的所有士兵都满怀怎样的热情去参加战争——这也是一个场域。今天，这已经是不可能的了。变化发生了，一切都变得更好。

让过去为过去
成过

不要用良知教训生者，而要带着爱看向逝者
关于记忆与压抑

⊙正视过去以赢得未来，是一种有觉知地对待历史的方法。这种思想是：我们曾经如此，这让我们从过去中学习，从而成为今天的自己。有意识地以觉知取代压抑，是精神分析的成就。每个民族都需要并拥有集体记忆。然而您却断定：我们必须允许惨痛的一切有一个终结。回忆在什么时候会具有破坏性的效果？为什么您认为回首过去并不能使人看向未来？

从心理分析的角度来看，压抑会产生一种限制我们的结局。这种潜意识被带到意识中，我就可以处理它了。我可以对其进行整合，这能让这一切成为过去。因为我记住了它，它就成为过去。这才是具有疗愈效果的。在许多心理治疗中，许多被压抑的悲剧性事件得以重见光明，是为了使其得到终结。这些事件犹如被冻结的移动，与对待创伤类似。对待创伤就是要重拾那个移动，直到它在那个移动中消耗殆尽，一切得到终结。记起它，是为了让它成为过去。

⊙因此您赞同这种回忆的方式？那么您觉得德国人回忆第二次世界大战时所有发生的事件的方式有何不妥之处？

回忆容易使人被过去囚禁，从而错失未来。

让我们以那些战争中发生的可怕的事件，比如德累斯顿大轰炸或者日本长崎发生的原子弹爆炸为例，在这些事件中，人们失去生命，残酷而悲惨。我要怎样去记得他们？我可以在我的灵魂中给他们一个位置。那样，我就能够和他们一起处于和平，并且可以让曾经的一切过去。因为，他们与我将不再分离。我把他们放在我的心里，带到我的未来中，他们一起作用于未来。这是一种疗愈的记忆，同时也是一种对过去的放下。

⊙在英语中，他们使用"re-member"（回忆）这个词，我觉得这是一个非常直观的词。当逝者在我的灵魂中拥有一个位置，他们就与我们一起走向未来，而那些历史事件会停留在原地，是这样吗？

确实如此，但有一种回忆的方式就好像是永久的谴责："你们必须记得你们曾经犯下的无法推卸的罪责，你们必须记得你们曾经是多么恶劣。"

或者我们用德国人在1918年《凡尔赛条约》签署后的反应来举例。德国人提到《凡尔赛条约》就说："《凡尔赛条约》的不平等条约我们永远不能忘记！"正是这样的"记忆"成为引发第二次世界大战的原因之一。这些恐怖的记忆常被利用，成为引发新的冲突或维持这些冲突的理由。在这种形式的回忆中，人们总是有这样的比较和区分：有些人比另一些人更好。

就这样，我们维持着这些记忆，使其他人变得更坏、更可恶，这为下一次的冲突奠定了基础。以这种方式去回忆的人，并没有带着爱去看待死者。

⊙您说的是一种灵魂的过程；而许多专业人士，尤其是强调必须记忆这套理论的专家谈论的其实是政治。

好的与不好的政治都是从心灵内在开始的。事实就是如此。

⊙那么纪念碑到底能够发挥什么作用呢？

战争纪念碑通常都是和平纪念碑。最近，我计算了在我住的小镇贝希特斯加登在第一次与第二次世界大战中死亡的人数，共有170人。这是一种好的回忆的方式，我为这些死去的士兵敞开我的心，我看见他们站在我面前，这种回忆对我会产生有益的效果。但是像柏林建造的巨型纪念碑，到底会对人的灵魂产生什么作用呢？只要以匿名的形式调查统计一下便真相大白了。这又会对居住在德国的犹太人的心灵产生什么影响呢？

我很清楚，这样一种巨型纪念碑并不是为和解而服务的，要不然，当初决定在柏林市中心建造这座巨型纪念碑时，就不可能有如此强大的反对声浪！假如这样的纪念碑只是一种象征，象征着大量被杀害的犹太人在我们之间保留了一个位置，而这个位置就在德国心脏地区——首都柏林，那就会很不同了。

那些强制性的回忆是不好的。相反，耶路撒冷巨大的大屠杀受害者纪念碑，就使那些逝者无可指责地进入人们的视野；同样还有伫立在广岛的第一颗原子弹死难者纪念碑。这些都是服务于未来的记忆方式。

⊙但是，在德国有众多的战争纪念碑，纪念犹太牺牲者的纪念碑却很少，这不是很奇怪吗？这样的话，德国人在哪里能够回忆起迫害犹太人的罪行呢？

例如，那些集中营原址的存在，这也是一种纪念方式。有个人告诉我，他不久之前去了奥地利的毛特豪森（Mauthausen），他穿行了整个集中营，他内心感受到非常深刻的平和，但在看到纪念碑的那一刻，这份平和感就立即消失了，因为他心头忆起的全是犹太人受害的景象。

⊙因此对您来说，是否被记住并不重要，关键是怎样在内心去纪念受害者和亡者。忘记曾经的发生，让过去成为过去，在您看来不是对压抑的辩护？

是的，如果一个人可以忘记，而不是去刻意压抑，那么他就不会再因过去而对未来有所要求，尤其是不再对他人有所要求。

我们必须在内心允许过去成为过去
关于报复与愤怒的平衡

⊙当您提到家庭中的关系时,您总是谈到施与受的平衡,谈到系统中基础性的均衡需求。

在我们个人的关系中,赔偿和要求赔偿是必要且合理的。否则,关系就会断裂。但是这种个人关系上的平衡要求,不能套用在民族之间的关系上。因为忍受了不公平的遭遇而苛求讨回公道,是许多战争背后隐藏的主要动力。

⊙还有另一种记忆的方式。请您想象一下,在您过世之后,人们还是不断地回忆您,甚至撰写您的生平传记,您会有什么样的感受?

我有时会问自己:"那些已经过世的人,对我们为其建立纪念碑的感受会如何?"我在阿根廷为五月广场的母亲们及其失去的孩子们进行排列时,一个死亡孩子的代表说:"对我来说最难忍受的事,是我的名字被刻在广场的纪念碑上,只要我的名字一直被留在纪念碑上,我就永远无法安息。"这个逝去孩子的代表感觉自己被当作索求的工具。有些纪念的方式是利用已经去世的人,说得极端一些,是用这种记忆成为发动新的战争而寻找的正义的借口。回想一下科索沃战争（Kosovo Konflikt）中的屠杀事件！

公元1389年6月28日，在科索沃发生了奥斯曼土耳其人与塞尔维亚人之间的大屠杀。塞尔维亚人杀了穆拉德一世，其子巴耶塞特一世为了报复杀了塞尔维亚的拉扎尔大公。为了纪念拉扎尔大公，塞尔维亚人封他为圣人，奥斯曼土耳其人对于塞尔维亚人的这种举动恼羞成怒。

1914年6月28日奥匈帝国王储斐迪南大公在萨拉热窝（Sarajevo）被塞尔维亚人谋杀，第一次世界大战因此而爆发。

之后米洛舍维奇于1989年上台当政。又是在6月28日，他把拉扎尔的圣骨埋在科索沃的一个纪念碑下，碑上刻着："1389年6月—1989年6月。塞尔维亚人不会被穆斯林统治。"之后，科索沃战争爆发，杀戮开始了。

这就是一个世代相传的复仇记忆的例子……

⊙也就是说当这种讨回公道的需求在社会中占上风时，就会促使复仇情绪蠢蠢欲动？

是的，这种方式的纪念会有悲剧性的后果。类似的现象也曾发生在南美或是加拿大的印第安人身上。假如我们总是回忆所有这些悲惨不幸的事件，逝者就会拉着我们远离当下的生活。后果将会很糟糕。必须允许过去在每个个体的内心成为过去，然后他们才能面向另一种新的未来……

⊙ 这样历史悲剧就不再重新上演。但有一种纪念会引起愤慨，维持和煽动复仇心态，让惨剧重演，这就是纳粹主义利用《凡尔赛条约》所做的事。

这种回忆只会带来复仇情绪和对"公道"的渴求：必须一次又一次地付出代价。非常糟糕！卡斯塔尼达（Castaneda）曾写道："人应该忘掉自己的故事。"这种忘却会有令人意想不到的效果。假如一个民族能够以某种方式"忘记"惨痛的过去，带着同情把所有的逝者都放在心里，那么纪念就不再必要了。那些逝者也会以某种特定的方式伴随着这个民族走向未来。

⊙ 很多人说，我们必须纪念，是为了让那些事件不再重演。人们害怕，因为忘却会导致悲剧重演。著名作家布莱希特（Brecht）常被用来引述的名言"……那个子宫还能够孕育……"也隐含着对遗忘的恐惧。

对历史的描述也可能是引发一场新战争的原因之一。

⊙ 因为会维持愤怒情绪，引发躁动？

那些对"坏"的事物义愤填膺的人，似乎站在支持良善，反对邪恶的一面。他们将自己放在加害者和受害者的中间，企图避免悲剧的发生。

⊙这些人有什么可以被指责的地方？

义愤的人表现的像个受害者，但事实上他并不是受害者！他利用受害者的权利向加害者要求补偿，但其实他并没有受到任何不公平的待遇。

⊙他们把自己变成了那些受害者的律师，因为已故的人无法再为自己伸张正义。这难道不是件好事吗？

那些逝者是否授予他这份权利？要知道一个愤怒的人会做什么，他只是滥用权利，去伤害加害者。这样一来冲突就会继续发生。通常在加害者没有被羞辱或彻底击垮之前，愤怒者是不会善罢甘休的，即使他的行为只能加深受害者的痛苦。

愤怒没有慈悲
关于和平与"好的良知"

⊙愤怒确实是很多政治运动的动机，这些政治运动的核心是非常道德化的。而您主张为爱而非道德辩护。这是灵魂的一种移动。您为何反对道德？

通常道德的目的是为了贯彻某种要求。愤怒的人自认为是正义使者，他们也以这种面目对外表现。愤怒之人与有爱之人的区别恰恰在于，愤怒之人既没有慈悲，也没有节制。

不仅如此，当我们诅咒某人时，就会承接那个人的能量。就像那些发誓绝对不要像自己父母那样的子女，恰恰会变得与他们的父母一样，愤怒的人反对各种不同的加害者，这使他们与加害者的行为并无区别。

⊙自从全世界各地的组织和个人对家族排列工作感兴趣后，您也在许多不同的国家中做了关于"政治"的排列。您是依据哪些经验发展出此类排列工作的？另外，您从这些排列中有何发现？

从这些排列工作中,我们有一个很重要的发现:受害者与加害者互相吸引着走向对方。只有在这个基础上,我才能够为和平而工作。

我曾经三次应邀到以色列主持系统排列工作坊,我在当地的工作,完全是以我刚才所描述的那种方式进行的。我让受害者与加害者的代表面对面站着,我们可以观察到他们不断地向另一方靠近,他们无法抗拒地走向对方。让我举个例子吧,有位女案主,她对我们说:"我的父亲被一个阿拉伯人杀害了。"我为她做了一个排列,

我请一个人代表她的父亲，在她父亲代表的对面站立了一位凶手的代表。凶手的代表显露出害怕的神情，忽然，女案主父亲的代表对凶手代表伸出他的手，两人走向彼此，最后互相拥抱。之后，父亲代表就像死去的人一样躺倒在地板上，接着，那个阿拉伯人的凶手代表，躺在女案主父亲代表的身边。他们在死亡中得到和解。

在这种类似的案例排列中，我得到的最重要的经验是：所有的逝者，无论是受害者还是加害者，他们都想要走向对方得到和解。除非他们的后代子孙抓住祖先的死亡不放，要让悲剧再次重演。后代的这种行为阻止了和解的进行。

我在土耳其也有过同样的经验，比如土耳其的土耳其人和亚美尼亚人之间的冲突；我在日本也有同样的观察。如果能够给予灵魂的移动足够的空间，人们是能感受且观察到灵魂深处对和解的渴望的。灵魂希望让所有迄今为止被分离的重新联结在一起。

⊙ 到底是什么阻碍了和解？

最主要的，是良知。良知阻碍了和解的达成。所有重大冲突都汲取了"好的良知"的力量。所有针对他人的坏事以及攻击他人的罪行，都来自那些自认为他们有好的良知的人，因此他们认为自己清白无罪。他们以为好的良知授予他们权利去攻击甚至摧毁他人。对别人的暴力攻击源于自己确信的"好的良知"。每一方都有各自不同的良知，当然，都自认为是好的。

我曾在西班牙做过一个有关巴斯克人（Basken）与西班牙人冲

突的排列案例，在排列的移动中也出现了类似的情况。案主是一位巴斯克人，他对和解抱着完全敞开的态度。但是在进行排列后的第二天，他收到了一张匿名纸条，上面写着对他的警告，甚至用谋杀威胁他。为什么呢？因为这个巴斯克人内心有爱，他想要超越分离。而这种爱得不到"好的良知"的理解。

当过去有权成为过去，我们才能拥有未来
政治排列

⊙ 您刚才提到南美洲和加拿大，那里有哪些冲突？

有个来自秘鲁的印加人（Inka）女案主参加了我在美国佛罗里达的工作坊。她说她常有一种自己的头被砍掉的感觉。在西班牙侵略秘鲁时，印加国王被斩首，听她讲述时，我立刻看到这之间的关联。

我选了几个人代表被杀害的印加人开始排列，我请这些代表背靠地板躺下。我又找了一个人代表当时的印加国王，他双膝跪地，两眼紧闭，头朝着其他印加受害者的方向垂下——但是没有丝毫情感表露，他也像是死了。印加国王代表的身边站着三个代表西班牙的侵占者，他们也没有任何表情，静止不动。

然后我请这位印加女案主进入排列当中。她走向印加国王，摇晃他，试着扶起印加国王，希望他能站立，使他复活。但这个印加国王毫无反应，最后，他全身只能瘫倒在地上，这位女案主无法做任何事。从排列中可以很明显地观察到，这些印加人都死了，对他们来说一切都结束了，一切都已经成了为过去。

接着，这个女案主站到西班牙人那边，她看着其中一个西班牙人，拉着他的手，她也拉着另一个西班牙人的手，就在这一刻，所

有西班牙人的代表都看着已经死去的印加人，开始流泪哭泣。这是一个和解移动。这位女案主再次往右方看一下，然后又往左方看一下，但还是留在西班牙代表们的旁边。我在此中断了这个排列。

我问女案主："你现在的感觉怎么样？"她回答说："我感到自己的头与身体又重新连接在一起了。"第二天这位女案主给我写了一封信，她在信中告诉我，她是最后一个印加国王的直系后代，在19世纪时，国王率领印加人反抗西班牙人的入侵，最后在库斯科（Cuzco）惨遭五马分尸的酷刑而丧命。

这个女案主先是在过去她的祖先所在的场域中移动，在进行系统排列时她回到了现在生活的场域。因此对她而言，过去成为了过去。

⊙通过这个案例，您是否向我们展示了，人们可以怎样通过排列慢慢地从过去的场域移动到一个新的场域？

在委内瑞拉，有很多石油企业为了寻找石油而占有了许多印第安人的土地。不仅仅是印第安人，还有许多其他人都采取了对抗的行动。但这些抗争是否有未来呢？在目前这种环境状况下，他们能够挽救印第安人的过去吗？不可能！只有能够接受让过去成为过去的印第安人，比如那些在石油公司工作的印第安人，才有未来。

在加拿大我也有类似的经验。我受邀为一个印第安人部落开工作坊。在会场中挂着一个横幅，横幅上写着"尊重过去的声音"的标语，有些学员还在上面添加标注了一些关键词，比如尊严、关爱、谦卑等，都是一些美好的字眼。我问他们："当你们看到横幅上的字句时，你们的灵魂有什么感受？"他们都感觉很伤心，好像瘫痪无力，无法移动。

就在前一天我们受邀在小区共同体中心进行研讨会。有位妇女说，他们对自己的未来感到担忧。许多人都在讨论有关前途的问题。这些印第安人有座圣山，我也跟随他们爬上了这座圣山，在他们心中这座山是他们神圣的土地，无比重要。但现在有个大规模的跨国公司要在这个地区开采青铜矿，这个问题使整个印第安部落感到忐忑不安且十分无助。他们请求我们上书给相关的政府机关，求得他

们的援助，希望政府能够阻止这个计划。根据法令这块土地是印第安人的自治区，但是这条法令被尊重落实的希望很渺小。

⊙ 因此这里同样的问题是：未来何在？

在这个部落内，女性完全藐视部落内的男性，因为部落内的男性通通都是没有前途的无业游民，因为无所事事，部落内人员酗酒的现象日益严重。我告诉他们："你们还都是战士和猎人，但是目前在打猎战斗这个领域，你们已经没有任何事可做了，这一切已经成为过去。你们的未来到底何在呢？你们必须从战士或猎人转变成工人。"这是你们的未来。我做了一个政治性的介入，会引发他们心灵的思考。

⊙ 难道没有可能让过去旧的移动整合到现在新的移动里面吗？

不可能，这些例子有一个共同点：就是要让过去成为过去，才能拥有未来。

⊙ 灵魂的领域与政治的领域之间没有差别吗？

在这种情况下，政治领域和灵魂领域是同样的，没有区别。关键的一步首先必须在心灵内在做好准备，然后才能付诸有决定性的行动。我后来还去了哥伦比亚，那里的内战还在继续。弥漫着一种难以想象的暴力。每个哥伦比亚的家庭都有牺牲者。

我与一位想要在各党派，在游击队和非正规军之间进行调解，设法订立战争规则的女士交谈。我问她:"他们到底能够尊重怎样的战争规则呢?"他们两边都没有一个真正的目标。他们都是加害者,一方不断地残杀另一方。

我脑中有一幅画面:那里发生的一切是殖民主义的反噬。这些暴力运动迫使当地的上层阶级离开这个国家。那里的状况迫使他们这样做。

⊙意思是说,这些社会上层人士的离开是因为暴力的力量太强大了?

我在哥伦比亚波哥大市(Bogota)的工作坊中,有位女案主的丈夫曾经被游击队绑架。他后来重获自由——无疑是因为他的太太支付了高昂的赎金。这位女案主告诉我们,自从绑架之后她先生完全变了,他受伤得像个小孩子。以前她先生在一家有3000名员工的糖厂担任经理。

我首先排列了一名她先生的代表,在其对面我排列了几名糖厂的员工。这些员工对她先生的代表非常愤怒。然后我加入了一位游击队队员代表。在糖厂员工的内心中,他们是与游击队队员站在一边的,很显然,糖厂经理被绑架是有原因的。排列的结果也展示了案主一家必须离开他们的国家。在哥伦比亚经历了这么多的动乱之后,这个家庭必须离开,没有其他的解决之道。我从未在任何其他的国家遇到像哥伦比亚境内如此绝望无助的经历。

我在波哥大市的大学,播放了在墨西哥瓦哈卡州(Oaxaca)举办工作坊中排列的个案实例。一名来自哥伦比亚的女案主，她很同情哥伦比亚的游击队，她想明白这是为什么。我让5个人代表游击队队员，另外5个人代表被游击队杀害的受害者，受害者的代表们都躺在地上。刚开始的时候，游击队队员的代表们一动也不动，然后他们中的一个慢慢地走向受害者的代表。这时，有个受害者代表也拉了另一个游击队代表的手，想让他躺下，可是他站在原地不动。有个游击队队员的代表全身都很僵硬，后来在排列中他表现出他是游击队队长。然后我加入了一位女性代表——她代表哥伦比亚国家。哥伦比亚的代表显示出极度的痛苦，撕心裂肺的伤痛使她不知容身何处，去向哪里。最后，所有的代表都躺倒在地上，除了那位游击队队长的代表。游击队队长的代表最终离开了排列的场域。

这幅场景也是关于战斗和抵抗的体现。但这一切给我们带来什么？牺牲了多少人的生命？这一切都是徒劳的。这些纯粹是杀戮、杀戮、不断的杀戮，这个国家血流满地。我并不是说能避免这场战争的发生，这场战争是无法避免的。但所有的人都好像是棋盘上的棋子，没有任何明确的目标。到最后，大家都成了罪犯。也许当所有人都筋疲力尽之时，这里才会发生改变吧。

⊙您表明了两种不同的说法：一方面您说这一切毫无意义，暴力和战争只会带来死亡，另一方面您又说这是不可避免的，也许会带来新的改变？

是的，就是这样。

⊙为何您将这些排列称作"政治排列"？

因为这些系统排列向我们展示了，灵魂的改变会对社会公众领域产生影响。社会团体的改变始于我们的灵魂。如同我说过的，在波哥大大学放了这段排列录像，在场所有观众看了录像后都在哭泣——所有人，都被这段排列录像深深触动。

如果他们想要有所改变，他们就必须面对这场冲突，成为冲突的一部分。最后，领导战争者能够决定和平的到来，这些将领们终究会意识到：这样的状况不能再持续下去了。那时，他们才具有走向和平的能力。

⊙我不明白您所说的有关这些将领们的言论，难道人们非得先犯下罪行，然后才有能力争取和平？

不是，我所说的是在尊重所有人的基础上，不带任何评判，不指责评判任何一方。最终，所有彼此争战和互相杀害的人总会站在一起。

⊙您这样说有什么含义？

对我来说最终都是关乎人性的。一个不注重人性的政治体不是好的政治体。于我而言，政治的艺术是如何让所有的人走到一起，成为整体。

⊙您说最终是关乎人性的，这里"人性"二字到底有什么含义？在我们常用的语言中，人性是一种价值，那么您所指的人性是什么意思呢？

没有谁比谁更好，做好的事或坏的事都是关乎人性的。我们不能把"人性"这个形容词只保留给"好的一方"，这是行不通的！否则这样做"好事"的人，最终是最不人性的。

⊙您所谓"不人性"指的是？

我指的是对抗别人的人，最后就会变得不人性。

⊙在家族系统排列中，"和解的移动"是让被排除在家族外的成员重返我们的家族，那么在政治排列中呢？政治排列的核心又是什么？

至今我所做的所有政治排列，都与一个民族在经历长时间的战争和杀戮之后，如何拥有未来，如何使迈向共同未来成为可能的议题有关。解决方案是如何让加害者与受害者走到一起。这个迈向和平的移动也始于我们的灵魂，谁会阻挠这个和平的移动呢？是那些带着评判，将过去的争斗带到现在，并让它们继续的后代们。

⊙对您来说，世界各地的情况都是这样的吗？

是的，无论我去过哪个国家，以这种方式做排列的结果都是这样呈现的。在以色列、南美洲，以及印第安人聚焦地，呈现的都是一样的过程。所有对立冲突的各方在死亡的国度中可以相遇得到和解。我们必须允许他们互相看到对方的眼睛，作为"人"互相接受，让所有的人都能安息。

⊙您说这些是通过灵魂的移动发生的，您不干预，是逝者"想要"和解。往往是他们的后代阻挡了和解的发生。为什么逝者无法通过他们自己得到和解？

在这个场域中，死去的人无法通过他们自己做到，至少排列向我们呈现的状况是这样的，后代子孙必须允许死去的前辈们和解。

⊙怎样允许？后代怎样才能做到呢？

后代子孙的灵魂中要将加害者与受害者双方融合在一起。这就是为什么他们必须将加害者和受害者都带入他们的心中，不然无法达到和解。如果他们能够做到，过去的一切就可以结束成为过去，逝者能够退出离开，才能真正死去。那时，后代不再需要复仇，然后所有人可以一起看向未来。

⊙如此一来，爱就能重新回到它的位置，替代复仇？

是的，我们可以这么说！

⊙这就意味着，政治排列能够让所有的逝者重新聚集在一个整体里，在我们的心灵中，所有的人又都成为整体的一部分——"Re-member"。可是这些政治排列还是各有不同吧？您认为这对政治会产生什么影响？

在政治上会造成什么影响，我对此丝毫不感兴趣。我只是播下了一颗种子，仅此而已。但是很显然，我所做的这些会起到好的作用。

波兰人是否对德国人比较有好感
关于战争赔偿的要求

⊙去年您在波兰逗留期间,当时那里正好掀起了一场关于战后赔偿的辩论。德国的战后被逐人员联合团体要求支付战争赔偿。一些波兰议会人士考虑要求德国对赔偿负责。这个事件产生了什么后果?

在波兰的其中一个工作坊中,我问所有在场的学员:"大家设想一下,假如波兰人赔款给战后被逐人员,这些被驱逐的人是否会对波兰人有更多的好感?或者反之,德国人向波兰人支付战争赔款,波兰人会更喜欢德国人吗?波兰人就满意了吗?这样事情不就会不断地重复循环下去吗?难道我们不应该说:该让这一切都结束了?"

实际上,这些苛求不能够使任何人受惠,当时受害的人也无法再得到任何利益。那些被驱逐流亡的人现在也几乎都已经去世。那些伤害了德国人的波兰人也几乎都去世了,那么这些赔款对谁有益呢?后代子孙是在要求一份他们没有权利要求的赔偿,因为他们并不是真正遭受痛苦的人。

⊙从家族系统的观点来看,他们也许是遭到伤害的,不是吗?

那些在战争中失去父亲的孩子的创伤，或者在逃亡途中生病的孩子，或者那些被从自己的家园驱赶逃离的孩子。

那么，他们这是在向谁索求？是那些肇事的人吗？这些人早已去世了！这是对过去的纠缠。如果失去父亲的那个孩子对着某人说"你们对我有所亏欠"，那么这个孩子是不尊重他的父亲的，他并不是在看向自己的父亲，而是在看着另一个人。

再举另一个例子。不久前一架协和客机失事坠毁，每个罹难者的家庭都得到了一百万欧元的保险赔偿金，当这些家属在使用这个赔偿金时会有何感受？对他们的心灵会产生什么影响？他们还在看向罹难者吗？这样的赔偿金会对心灵产生什么作用？这些家属与罹难者的联结就此断裂了，他们之间的联结被金钱替代了。

⊙然而，您也曾说，过去的一切必须成为过去。那么与已经去世的人联结有何意义呢？另外，对于德国人赔偿以色列这件事，您也有同样的看法吗？

德国支付以色列重建赔款肯定是一件好事。然而，除此之外有没有什么是德国人还没有做到的？德国人还没有归还犹太人的财产。谁现在还继续住在犹太人的房子里？我们是否清点了犹太人的房产？哪些人从中发家致富了？我们是否将这些财产归还给它原本的主人和他们的后代呢？这才是人与人之间真正的赔偿。

⊙克劳德·朗兹曼（Claude Lanzmann）在他拍摄的纪录片

《浩劫》（Shoa）中询问了住在乡间的波兰人，这是以前驱逐流放犹太人的地方，问他们知不知道以前谁住过他们现在住的房子。以前住在这些乡镇里的犹太人在战争时期也被驱逐。纪录片里的画面让人印象深刻，这些波兰人背靠着门或坐在房子前面，讲述从前住在这些房子里已经去世的犹太人的故事。朗兹曼提问时，这些波兰人竟然面带惊讶和些许羞愧的表情。

您觉得这在德国也是很具体的事情吧："这个柜子不是我的，它的主人是阿隆恩（Aaron），但我记不得他的姓了。""这个房子是某个犹太人的房子——我必须得离开这房子吗？但是房子所属者和曾经住过的犹太人都已经不在人世了，他们都死了，都被谋杀了。"将财产归还给个人，只有极少数人办得到。

人们不能占有不属于自己的东西，这样做是很疯狂的。其他人不可以居住这些房子，以前的人仍然在那些房子里。即使不从法律角度去考虑，这些从占用房屋中获益的人，会对他们子孙后代的心灵造成负面的影响，产生不幸的后果。

由国家支付战争赔偿，而个人什么都没有归还或赔偿财产。这样是错误的我是从灵魂的层面来看待这些事情的。

灵性的移动

我并不自以为拥有真理
灵性的移动和无形的力量

⊙您曾经写道,家族系统排列的"目标是中立的",这意味着什么?

当我开始做家族系统排列时,我只想将家族成员通过代表们在一个空间内排列出来,通过排列观察家族中的关系如何呈现。我运用的方法是全新的。通过排列可以看到以前无法看见的某些方面的家族动力。家族系统排列的方法和它所带来的体验为世界打开了全新的视野。家族系统排列所揭示出来的一切,使科学、哲学以及心理学的一些基本观点和假设产生了动摇。这是让人们恐惧的原因。

⊙弗洛伊德的论点也曾使资产阶层人士产生了深刻的恐惧。它对人类概念的

描述是:"你并不掌握在你自己手里,你压抑了自己,你被你的内在驱动主宰。"这样的论点是对20世纪初期人们思想观念的一个巨大冲击。您也在冲击着人们关于自主与自由的观点,因为您说:"我们是相联结的。我们都在纠缠之中。"

我只想提问:什么观点能够有所帮助?什么能够帮助父母?什么能够帮助孩子?什么能够服务于和平?

⊙如果我们说,弗洛伊德和荣格从不同的角度探索诠释了潜意识,您怎么看?

弗洛伊德在他的理论中赋予了性冲动应有的位置,当这种驱动拥有了它的位置时,它就不再具有威胁性。同时,他也因此在许多方面超越了流行道德的界限。曾经在家族中遭到唾弃的,现在被人们以不同的眼光看待。他的贡献超越了个人层面的良心界限。弗洛伊德理论的结果是巨大的自由化,也瓦解了严格的道德禁忌。即便不进行精神分析的人,现在也拥有了更大的自由度。这是一个令人难以置信的开创性行为。并且,弗洛伊德在当时对于纠缠这个主题已经有了一些见解。

⊙那么您又带来了哪些新的洞见?

在我之前就有用代表替代家族成员进行系统排列的工作方法,也发现了代表们能感受到他们所代表的家族成员的真实感受。德国的精神科医生西娅·斯库菲尔德（Thea Schönfelder）做过演示。美国知名的心理学家维吉尼亚·萨提亚（Virginia Satir）做的是家庭雕塑。我的新发现在于对可能产生的后果的见解，以及对于良知的动态和罪恶感的认知和感悟，在进行家族系统排列时我们能够观察到的联结、平衡及序位的系统动力现象变得可见。系统排列向我们清晰地展示了我们与家族祖先的联结。我们可以了解到祖先的命运是怎样对我们产生影响的，比如令我们染上疾病，身患残疾，同时，当这一切被揭示出来时，我们是如何被疗愈的。

⊙您继续发展了家族系统排列工作，将它称为"灵魂的移动"。这种移动与传统的排列有什么不同？

现在，我常常只排列一个人。我让案主自己进入场域，而不选用代表来进行排列，我给他足够的时间，剩下的是等待，一直等到一个移动出现，通过这些移动我们可以观察到整个系统渴望找到解决方案，并且能找到解决的方案。仅仅从这些移动中我们就能清晰地看到系统需要什么。这向我表明，整个家族的场域能够仅仅在这一个人身上呈现，我们不需要通过选用其他成员的代表来做排列。整个系统仅仅通过这一个人在运作。例如，当一个代表看着地上，人们就会知道那里缺少了一位死者。那时，我选一个代表躺在案主看着的地方。家族系统排列就这样跟随着案主移动，一步一步地继续呈现，最终找到源于案主自身的解决方案。或许后面我们需要加进一些其他的代表，从排列的整体我们可以观察到什么是决定性的。

被排列的不是解决方案，而仅仅是一些为提供解决方案必要的移动。一旦这个关键性的移动开始，我就可以中止排列。

⊙最早开始做系统排列工作时，您选择不同的代表来代表案主的所有家族成员，然后观察系统是如何排列的，从系统法则中看到一些呈现。您观察代表并询问他们的感受，您会改变一些代表的位置，然后再次询问他们的感受，您会让代表们说出一些特定的，具备解决和疗愈作用的句子。通过人们在空间中站立的方式，以及通过代表的感受，您可以观察整个系统。如今您只用一两个排列代表的方法来排列，您就不能再看到这些了。这之间究竟发生了什么改变？

以前我所观察到的画面是：一个有问题的家庭会寻找它适合的序位。在排列进行的过程中，我们可以找到这个序位。在正确适当的序位中，所有的代表都感觉良好。这时，我常常会请案主表达一些词句，这些词使案主的内在发生转变，与排列中所呈现的被认可的序位相符，能帮助案主从纠缠中解脱出来。例如，像这样的句子："现在，我留下来""我现在与你同在"。或者，假如一个人拒绝自己的母亲。他可以说："现在，我向你表示尊敬""现在，我接受你赠予我的一切"。这些句子能够激发心灵中的某些东西。还有时候通过拥抱也能助人得到和解。有时案主退离原先他所在的失序的位置，也是属于序位的重新恢复。用这种方式进行的家族系统排列是很出色的工作方法，我们在它产生的效果中就可以看到这一点。

但是类似于从原始治疗中我发现，我不需要选择很多代表来进行排列工作。做这个工作时，我其实只需要一两个人，其他的成员通过幻想或是感受的方式已经参与其中了。带来这个主题的案主，就是整个系统的代表。他在那里不是只代表他自己，系统所需要的都会通过他呈现出来。他作为代表的移动，不仅仅是他个人的移动，他是作为系统的一名成员在进行移动。当他移动的时候，整个系统中的一些东西都在移动。

⊙不需要整个系统以各种代表的形式在场，也就是说，观察的过程仅仅通过移动进行，是吗？

是的，而且解决之道常常很遥远。

在进行家族系统排列中，我经常会有一个关于好的解决方案应该是怎样的设想。现在通过心灵的移动，我不再有任何设想了。在以前的家族系统排列中我会常常介入，现在我只是偶尔介入。有些东西从心灵层面生发出来，不需要外界的介入。案主从一开始就已经在疗愈之路上，改变和转化在排列中就开始了。

⊙您是如何发现这个现象的？

原来在家族系统排列中，我们会经常询问代表的感受。后来我渐渐不再提问，仅仅是静静地等待。某个时刻，代表自己就开始移动了。在家族系统排列中我总是观察到这类现象，比如有人倒下，或者某位代表开始抽搐或颤抖。

⊙ 这些都是所谓正常的"代表状态"，在排列中有时身体上会忽然感觉到他所代表的那个人的症状。起初，所有人都对这种现象感到很惊讶，觉得这似乎是一种魔法。现在，大家对这一切的发生已经习以为常了。对您来说现在有何不同之处？

现在我用不同的眼光去看这些症状。代表突然被某些东西抓住了，那是一些不仅仅属于他自己，而是他系统的移动通过他呈现了出来。我在更广阔的背景中去看待这些移动。

⊙ 在您看来，这与症状所呈现的是一种不同的移动吗？

是的，我现在完全信任那些自发呈现的一切。在开始的时候，我是等待这些移动是否会自行发展，以及会怎样发展。因为在排列中确实产生了自主的移动，这些移动即给案主，也给他的整个家族带来解决方案的呈现。这是全新的。在我看来，代表被比他自己的心灵更高大的灵性牵动，不是被他们自己，而是被一些更伟大的力量引领。

⊙ 因此这已经不仅是某个人的代表，而是另一个层面的力量，是吗？

是的，正因为没有任何人的介入，一种更高的灵性力量会通过代表在排列中寻找并发现答案。通过心灵的移动，这股更伟大的力量经由代表呈现出来，引领着个人的命运和整个系统，甚至是历史的进程。我们也都是这个"灵魂"的一部分。不是说我们拥有一个灵魂，而是说我们都是这个"灵魂"的一部分。这些移动都朝着同一个方向，它们将以前分离的事物联合在一起。它们都是朝向和解的移动。

⊙您如何能辨别它是哪种性质的移动呢？这些也可能很简单是来自代表的自发的移动呢？这种移动和其他移动有何不同？

它们是完全不同的。假如我们仔细观察代表的身体，可以看到这些移动从肚脐下面开始，它们来自身体内在的最深处，代表们被这股力量驱使着移动，无法控制自己。

⊙让我再次确认：在排列代表身上看到的现象是由于系统变化产生的，这个事实众所周知。比如，在排列中一个代表突然开始抽搐颤抖，当你询问个案案主时他说："我祖父有癫痫病。"这还是停留在代表个体的层面上，代表的动作与他所代表的祖父动作相同。这在灵性的移动中还有更多的含义吗？您是否可以举例解释一下您是如何发现这些的？

我第一次运用这种新洞察的排列个案是一位犹太男性的案主。也正是从这场排列中，我第一次观察到这种灵性的移动，它在最深处寻求着联结，甚至是一个加害者和受害者之间的联结。那是我第一次清晰地领悟到，自己可以完全信任这种移动。那里发生的一切与我们普通的思想和道德观念完全不同。有些事情变得格外清晰：

有时，无论是加害者还是受害者，都在服从另一种力量的支配，他们两者都无法抗拒。从此以后，我就一直跟随着，并持续信任着这种移动。

⊙您是否能举一个工作中有关政治排列的实例？

6个星期之前我在尼加拉瓜。独裁者索摩查（Somoza）已经统治了尼加拉瓜很长一段时间，他剥削着这个国家。反抗独裁者的领袖名叫桑地诺（Sandino），他被索摩查杀害了。索摩查后来也在流亡期间被杀身亡。桑地诺的追随者开始了推翻索摩查及其追随者的内战。他们驱逐了大概1/3的人民，其中以印第安人居多。桑地诺民族解放阵线最后也像之前的索摩查一样以失败告终。桑地诺民族解放阵线后来虽然得到政权，但是很快也失去了民心，不再为人民所支持。现在，索摩查的独裁阶段以及桑地诺民族解放阵线的政权时代都已经成为过去，尼加拉瓜拥有一个民主选举出来的政府。那里有强烈的需求，民众要求得到一个答案，他们需要知道在经历了惨无人道的内战之后，如何才能重新团结起来。以前参加过内战的许多战士还健在，更不用说还有他们的后代。

马纳瓜市（Managua）警察局的女局长，以及一些军界的高级官员都参加了我的工作坊。尼加拉瓜第一位女总统的女儿也参加了这个课程。参与的学员很多是该国的领导者。那位女警察局局长曾加入桑地诺民族解放阵线，担任地下秘密工作——她过去曾深入两个不同的阵营。

我选了一个人代表索摩查，一个人代表桑地诺开始排列。这两个代表都紧握双拳，充满攻击性地慢慢走向对方。然后我又选了三位代表代表冲突中死亡的牺牲者，我让这三位代表躺在索摩查代表和桑地诺代表之间。他们在此刻突然相联结了。索摩查代表的目光朝下看着牺牲者代表们，桑地诺的代表也望向牺牲者的代表。接着索摩查代表匍匐在地上，爬向牺牲者代表，然后在他们的身边平行躺下。桑地诺代表也倒在地上朝着索摩查代表的方向爬去，躺在索摩查代表的身边——好像希望与他一起躺在同一个墓穴中一样。这一切的发生都没有任何外在的干预。

⊙ 两位代表是什么人？

是两个西班牙人。然后我又加入了一位女性代表尼加拉瓜这个国家，这位女性代表只是痛苦地哭嚎，也躺在"死者"的身旁。这代表着内战的结束。人们不禁自问：这一切究竟是为了什么？最终只剩下死亡。

接着，我加入三个人代表索摩查追随者的后代，另外三个人代表桑地诺追随者的后代。他们双方面对面站着，在他们之间躺着所有的"死者"。他们慢慢走向对方，向对方伸出双手。然后我请那位代表尼加拉瓜国家的女性代表站起来。双方后代的代表们手牵手绕着代表尼加拉瓜国家的女性代表围成一个圈，那位女性代表深深地呼出了一口气。

⊙ 这个排列的诉求出自何人？

这是来自所有参与者的请求。所有的人都被深深地感动。我认为这才是为了和平而做的工作。它再一次展现了，所有人，无论哪一方政党，都只带来了不幸。他们都看到了自己带来的不幸，最后躺在死者身边，寻求和解。而幸存者和他们的后代让这一切都成为过去——不再去谴责敌对的另一方，也不再相互指控对方。这才是解决之道，让一切过去的留在过去，重新开始。这是一次不同寻常的排列。它又一次呈现了灵性的移动是如何在最深处将曾经分裂的再度牵引到一起的。

⊙ 在政治排列中，您主要运用的是灵性的移动吗？

是的！灵性的移动在进行时一般不需要任何外在力量的干预。有时在排列中，我仅仅会加入代表，这是我唯一的干预。这种排列没有预设的企图和想要达到的目的，也正因为如此，它的力量才如此强大。

⊙ 假如是这样的话，为何还需要排列师的带领？

排列师引导排列工作的进行，他决定要排列谁，比如在上面这个政治排列中我决定排列索摩查和桑地诺。我也知道下一步要进行什么，例如我请了受害者代表躺在地上或是将尼加拉瓜国家的代表加入排列中。我通过我的干预引导排列的进行。没有排列师的带领，排列工作是不可能进行的。但一旦排列开始之后,我就将一切交托给代表们,让其在场域中自主移动。

⊙从家族系统排列中我们知道,代表们需要一定的时间才能够感受到这种不带个人释解的内在移动。他们不去自问:"现在我应该怎么想、怎么做才是对的呢?"而仅仅依靠他们的觉察。一个排列师能够鉴别出代表的觉察与代表个人释解之间的区别,一部分原因是通过代表所表达的言语。而您完全是不用任何语言,只在灵性的移动的层面来做工作,请问您如何看出哪种是灵性的移动呢?一位代表是真的作为代表在移动,还是他自己的反应或戏剧化表演?

我可以马上看到,因为在这种情况下,在场的所有参加者都会感到骚动不安。

⊙也就是说可以把其他人的反应作为一种辨别的标记?

所有在场的人同时进入这个场域。所有的人受这个场域的驱动。在这种场域中没有人能够弄虚作假。

⊙我们是否可以通过动作变化观察到?

一般情况下,我们马上可以看出!

⊙如何区别什么是来自个人解释的,什么是灵性的移动呢?

一个与场域联结的移动是很缓慢的。如果一个人一次向前走了两步，他立刻就已在场域之外了。

⊙ 因此速度也一个衡量指标。可是速度快慢也是可以通过练习调节的，代表也可以假装不是吗？

在这里不行。这些移动具有令人难以置信的强度。移动速度越缓慢，强度就越大。干预的愿望和希望推动排列进入下个步骤，会使代表以及排列师立刻强烈地感受到。一个排列师必须具有能够忍耐受移动的这种缓慢程度的能力。一旦有任何企图，他就无法进行排列工作了。

⊙ 您想要表达什么意思？假如一个排列师没有任何企图，他为什么还要做排列呢？

我说的任何企图是指，比如排列师想得到圆满的结果，这种情况会立刻影响排列的场域。

⊙ 所以排列师不能有任何预设？

那就什么也做不成了。排列师必须在内在退守，归中凝神，进入毫无企图，空无的状态。这是深层的，近乎灵性的移动，这些过程是相当神圣的过程。只有那些真正具备这种内在态度的人，才能跟随这些移动，并在必要的时候，进行帮助性的介入。

⊙ 但您说排列师应该完全地保持在外界？

排列师要全然地投入，但又不在其中。这话听起来似乎矛盾。我的内在必须全然地退守，这样才能避免其他人的心灵被任何杂念所影响。在家族系统排列中我们看到的是个体。在这里，我看向的是一个系统的成员都必须臣服的命运。举例来说，我感受到"现在母亲必须站到那个位置上……"假如我只是旁观者，我就无法感受到这些。因为我完全投入其中，我就能听到母亲的话语和孩子的号哭。我全神贯注地投入其中，但我不介入。

使无法想象的事有形可见
关于信息及场域

⊙现在学术界已经通过研究证明,肯定了家族系统排列的有效性。从许多排列工作的实例总结出:对于类似的问题案例,即使通过不同的排列师,和选用不同的排列代表,得到的排列结果和解决方案是相似的。慕尼黑大学以及维藤/黑尔德克(Witten/Herdecke)大学的博士论文专门探讨研究了灵性家族系统排列。关于灵魂的移动有可能进行这样的探讨和研究吗?

不可以,因为每一次都是不同的。这些移动都不遵循任何的准则,它们唯一的准则是"缓慢性"。当然我们对其也有一些认知,但是那都是暂时的。灵魂移动向我们所呈现最重要的是:那些迄今为止对我来说无法想象的联结,变得可见了。

让我来举个例子吧:

有位男士来告诉我,他的四个孩子在学校不好好学习。我们简短地谈了一下,他告诉我他的太太在前面的一段关系中曾经堕过一次胎。我听了之后就排列了这个被堕胎的孩子和他们的四个孩子。

他们的感觉都很不好。我加入他太太的代表。她与这个被堕胎的孩子没有任何联结。然后我把他太太的母亲也排列进去。因为我从经验中经常观察到，堕过胎的女子往往跟自己的母亲没有深厚的关系。但是在加入他太太的母亲代表进入排列之后，我仍然没有看到任何改变，于是我中断了这次排列。接着这个案主告诉我，他的岳母生了两个孩子，而在怀第二个孩子的时候，他的岳母发生了很严重的病症，所以医生建议她，以后不要再生孩子。但他的岳母后来又怀了第三个孩子。医生告诉她会有生命危险，因此这第三个孩子就被堕掉了。

⊙这指的就是加入排列的案主太太的母亲？

是的，我又重新排列了这个案例：案主的太太，太太的母亲，和那个不得不被堕掉的第三个孩子。然后我又加入了案主太太的父亲。这个被堕掉孩子的代表穿过自己母亲的双腿，爬向案主太太的代表。突然间，这个孩子代表的呼吸急促，似乎被人掐住脖子一样。案主太太的父亲站在一边双手握拳。很明显，这个孩子是被谋杀的，不是被堕胎的。

⊙就是说，母亲将孩子堕掉了，但排列所显示的是父亲谋杀了第三个孩子？

是的，就是这样。然后我把案主太太堕掉的孩子排列进去。这个孩子的代表跟他的外祖父一样紧握着双拳。这位女士堕掉的孩子认同了他外祖父杀人凶手的身份。没有人会想到这一点。然后，被案主太太的母亲堕掉的那个孩子看着自己的父亲，并对他说"我爱你。"然后他变得柔软，倒在地上。案主那个被堕掉的孩子代表也开始变得十分柔软，躺在了他的身旁。这之后，案主和他的太太能够走向被自己堕掉的那个孩子身边，拥抱那个孩子。

在这之后我又排列了案主的四个孩子以及案主太太堕掉的孩子。这五个孩子全都露出幸福的神情。

这显示了这种移动能够进行得如此深刻，它完全与我们的想象不同，完全超越道德评判和谴责。

⊙什么是在常规的排列方法中无法显示出来的？灵魂的移动在此有什么特殊的地方？

谋杀的这一事实，只能从灵魂移动中观察到——只能从移动中。这些移动几乎无须通过语言表达。

⊙因为您看到了案主太太的父亲代表双手握拳，所以您将此解释为谋杀？

这个被堕掉孩子的代表自己移动着远离自己的父亲——或者说逃离父亲，然后紧紧抓着案主太太的双脚寻找庇护之处，然后，他的动作突然开始看起来像是被人掐住脖子般扭动挣扎。这意味着所有的发生都在我们的眼前重新呈现。这个父亲的代表移开自己的视线，看向别处，紧握双拳。从这些动作变化中可以清晰地看到：这里发生的是一场谋杀。

⊙这是您的论断！我想作更详细的询问。被堕掉的孩子爬向排列中案主太太的代表。案主被堕掉的孩子像案主太太的父亲一样握紧双拳，从这些现象，您得出两个结论：案主太太的父亲杀死了他自己的孩子；案主太太被堕掉的孩子把自己定义为他的外祖父。

您现在转到了另一个完全不同的层面！您问的是：这些结论是真的还是假的。您进行的是司法调查。这些与灵魂的移动不再有任何关系。我在勇敢地为您进行现象的解释。我们都可以看到那里发生了什么，但谁敢表达这些事实呢？因为任何结论一出来，马上就会有人说："你怎么可以说出这样的话？你毫无根据！"尽管排列过程清楚地呈现了一切。

⊙灵魂移动的"真相"难道与信息毫无关联吗？

有的时候确实无关！特别是涉及精神分裂症的案例，因为关键性事件往往发生在许多代人之前，以致现在的家族成员已经完全无法提供与之相关的信息了。但是在家族场域中这些信息仍然存在着，在灵魂的移动中呈现出来。

⊙ 这种移动从何而来？

　　一定存在着一个能量场域。我们是否有一天能够通过科学方法证明这个能量场域的存在，是另一个问题。这样的提问也正是与解决方案相对立的。当我想要"知道"的时候，我就不再与生命有联结，生命会以良好的方式继续下去。这些都是抽象的问题。

假如我探究排列的成效，我就有了自私的意图
关于成果监控和效果的证据

⊙您说在排列结束时，那些孩子及整个家庭感觉良好，成效一目了然？

是的，完全正确！

⊙我想要知道那几个孩子目前在学校好些了没有，学习是否有进步改善？

很多人都想知道（排列后发生了什么）。如果我去追问，那么我就是有意图的，并且这种意图是自私的。

⊙这个问题就会是：我做得是否成功？我做得好吗？

是的，正是这样！那样我就不再真正关心那些孩子。这种好奇心会扰乱疗愈的移动，如果我去打听情况，对那些孩子是很糟糕的。

⊙您的说法让我不禁要长叹一口气。

是的，我知道！这让很多人觉得烦恼，因为他们想要得到证据。但是他们想要得到证据，是为了使这些孩子变得更好吗？

⊙我们假设这些人是出于好意呢？

我不假设这些人心存善意。他们眼中没有这些孩子！他们也丝毫不尊重这个家庭，因为他们出于好奇心，侵犯了当事人最私密的东西。

⊙身为治疗师，需要面对这样的问题：我所做的和我所提供的，是否真的有效。您说：我服务于一股有效的力量。但是一般人以他们的常规思维还是想知道排列后是否有成效的。您难道真的不想知道？在您看来这种想要知道结果的欲望是对案主自主性的干扰吗？

也许吧。当一个排列结束时，我的工作就完毕了。那些人为什么想要得到排列有效的证据呢？他们是否真的关心那些人呢？他们是有针对性地想要证明什么？如果他们得到了证据，他们是否会将其作为参考，继续进行后面的工作，还是说他们还会继续要求得到更多新的证据？

⊙也许他们只是自问：当我把这帖药给案主，就真的能让他恢复健康吗？

你说的这是一个药物层面的例子，药物必须进行实验研究。格特·赫普纳（Gert Heppner）在他的博士论文中关于排列工作的研究就做得很好：不介入排列工作的过程。但是，假如我问一位案主："（排列）有效吗？"我就介入了。

⊙我看了许多录像带，从录像带中我无法看出某种行为的背后是否代表了一个灵魂的变化。我无法从录像带中觉察得很充分。您的工作真的能够通过录像带来传播吗？

不行。当我自己看自己以前排列工作的录像带时，我也只能跟进到一定的程度，因为我不在那个排列场域内，我基本上也无法得知下一步该怎样。有时事后再观看录像带时，我自己也惊讶于自己当时所做的干预。

⊙至少需要具备什么，才能这样从事这样的工作？

一个想要从事灵魂移动的工作的人必须具有一定的认知方法论：全然放空、回归中心、收敛退守。只有当我们具备这种内在态度时，才能让灵性的移动拥有足够的空间，这种灵性的移动往往与我们想象的不同。每一次移动都会给我们带来前所未有的觉知。

⊙您可以举一个实例来说明一下吗？

我曾经在日本做过一个排列，案主是一位女性。女案主的代表紧握双拳跟案主母亲的代表面对面站着。我让案主的代表说："对你母亲说'我要杀了你'。"案主的代表很有力地说出了这句话。然后，我请女案主加入排列。当我请她也说出"我要杀了你"这个句子时，她回答说："我无法说出这句话，但是我希望我的母亲死去。"当然，她说的这句话跟我要求她说的那句话，在本质上没有什么大的区别。然后，我告诉这位女案主："我无法再为你做什么了，我不能为一个拒绝自己母亲的人做任何工作。"我中断了这个排列。我当时已经知道这位女案主会自杀，很明显，这样的人最终会自杀。她没有其他选择。

⊙您怎么知道这些的？

先让我把这个例子讲完。接着我没有再为她做什么事，我对案主的母亲表示了尊重，忘却了那个女案主。在这种情况下我必须抽离自己而退守，忘却案主，把案主完全交回给她自己的命运，她自己的内在状态和其行为的后果，让其自然地进展。就在工作坊将接近尾声之时，那位女案主又来找我，哭泣地对我说她想要再做一次排列。

我排列了她的家庭，但是无法推进。哈拉尔德·霍恩（Harald Hohnen）给了我一个建议：您试试排出一长条祖先行列的代表，也许可行呢。于是，我排列了女案主，在她的对面，排列了她母亲的代表。没有发生任何变化。然后我又加入了她的外祖母——还是没有任何变化。我又加入了曾外祖母，然后又加入太曾外祖母，还有前几代的女性祖先。到最后，总共加入了八位女性祖先代表，也就是说在这个排列里共有八代祖先。每一代的母亲与自己的女儿之间都没有联结。最后的一位代表，也就是第八代的女性祖先代表往后退并看着地上。在一个排列中，代表看着地上总是意味着她看着死去的人。我请了一位男士躺在这位祖先代表的面前，从参与者的移动变化中，我们可以看出这是有关谋杀的案例。女案主这时扑倒在了地上——这是心灵移动的开始，她向受害者爬去，将他拥抱在怀里。接着，第八代的女性祖先代表也朝受害者的方向移动，她也将受害者拥抱在怀中。最后我将这个死者的代表排列在第八代女性祖先代表的身旁，接着我让第七代女性祖先代表转向第八代女性祖先面对面站着，突然间，母亲与女儿之间恢复了联结。

⊙第八代与第七代女性祖先之间重新有了联结？

正是这样！第八代的祖先转向了她的女儿，接着，在这个排列中的每一代祖先都转身面向自己的女儿，爱又在家族代际间重新移动。可见，爱的移动远在第八代祖先那里就被切断了。自从那时起，在这个女性祖先排列中的母亲与女儿之间，无法建立联结，也无法拥有充满爱的关系，因为在这之前家族中的纠缠没有得到解决。接着，这位女案主在自己的母亲面前跪下，她抱着母亲的双膝，哭泣着叫她："我亲爱的妈妈！"

我们在此看到了这种纠缠是如何影响家族的，这位女案主以前无法用其他的行为方式来生活，她被定义为家族中的那位谋害者了。为了能够完成那个走向母亲的移动，有的时候我们必须回溯到很多代以前的祖先，解除这个纠缠的源头。这个排列展示的就是"心灵的移动"和常规家庭排列方法的组合。

在家庭系统排列中，我可以参考依据很多来自系统的信息。在以前的排列中，当个案不知道他的家族祖先发生了什么事件时，排列师就无法进行工作。现在您说，来自系统本身的信息会通过灵性移动的层面自然呈现，这是来自场域的呈现。这些信息远远超越我们所能够知道的，它会通过移动"自然呈现"。

是的，我们经常遇到这样的情况，往往个案前来求助并告诉我：我对我们家族所发生的一切一无所知。我都会对他说："好，那么我们就通过排列去探索一下你家族的情况吧！"我选一个人代表案主，开始排列，然后我们等待来自系统的移动产生，一步一步地，他家族系统中的一些事情就自然显现了。我们只需看向这个人，观察他的一举一动，观察他身上产生的变化即可。例如，排列代表转过身，我就会再排列一个人站在他的面前；或者我会在排列中加入一个代表"秘密"的代表，接着马上会出现一幅图景，向我们展示曾经所发生过的事情。案主会立刻被触动。当我用这种方法与案主做排列工作的时候，我需要了解的情况很少，甚至不需要任何来自他家族的或更早的信息，从灵魂的移动中我可以得到最重要的信息。

所有的移动都被来自其他地方的力量推动
其他力量、宗教以及自主的决定

⊙在顺势疗法中的有些高效药物或者物质,其物质成分已经无从查证,据说,这种"物质"在强化之后只是在水或者糖中作为"信息"存在,却能够到达脏器中,在"人的系统"中起到一定作用。

因此,您信任系统中通过移动所呈现出来的信息,您说"人们可以看到"这些信息。我更想说:"您可以看到。"并不是每个人都能观察到这些现象,特别是初学者!

这确实需要经验的累积,我们必须一步一步地学习,一切从内在的态度开始,这是内在成长的道路。但有时即便通过灵魂的移动,我们也无法找到解决方案。灵魂移动的排列,也有它们的极限。

⊙您可以为我们举个例子吗?

有个家庭中有一个身体残障的孩子,他的父母自责不已。让人欣慰的是,这对父母带着爱看到彼此,互相安慰扶持,共同努力照顾这个孩子。但是这远远不够,他们还是会自问:"为什么这样的命运会发生在我们身上?"他们必须看到超越这个孩子的层面,看到孩子的命运。我们可以请一个人代表"命运"来做排列，让命运的代表面对着这位父亲、母亲以及这个孩子，然后他们三人一起向命运深深地鞠躬。我发现，仅仅是鞠躬这个举动就能产生令人震惊的效果。一味地谈我们通过灵魂的移动，总是能够找到解决难题的方案，这只是一种幻想。

例如，有时我观察到有些人不可阻挡地被死亡吸引，这时我该做什么呢？也有时，有些案主因死亡背负着愧疚感。在这样的情况下我还能使用什么方法去做些什么呢？我对此真的还能够做些什么吗？或者，"帮助"会触碰到它的极限吗？此时，更重要的难道不是"接受"吗？也许当我停止所有作为的时候，真正的帮助才能够开始。

⊙我能想象，面对发生在亚洲的大海啸这类的天灾时，我们的内在态度也应该是如此吧。除了援助他们重建家园，我们还能做什么呢？

确实，我们想要帮助，想要做点什么事，这也是理所当然的。然而，我会保持这样的态度：我看向超越这些事件之上的层面，我看到我无法命名的更伟大的力量，我向这股力量深深鞠躬。

在面临像大海啸那样的情形时，我深深鞠躬，我说："是的！"我为我自己这样做，并由此进入到一股更大的力量之中。当我与那些经历了这些灾难还能奇迹生还的人工作时，他们会想到那些绝望的母亲双臂紧抱着死去的孩子，想象她们这种无法形容痛苦和悲伤。对这一切，我们没有一般意义上的解决办法。我们唯一能做的，是看到这些死去孩子的命运，深深地认知：这就是他们一生能拥有的时间，这是他们走到人生尽头的时刻。然后，看向大海啸背后的力量，驻足在这股让人无法琢磨的巨大力量面前。这样，才有可能化解内心的悲伤。在此之后，母亲能够埋葬她的孩子，这样做她就能与这股力量有所联结。过一段时间之后，她便能够重新转向生命。

⊙ 这是一种宗教的视角？

关于生命终极的问题，是没有人能够回避的，但那是一股隐形的力量。在生命终极的问题里，没有提问，没有请求，没有帮助，什么也没有，只有停滞。这是一幅使我们谦卑的图景，指示我们界限所在。如果我们能够认同这界限，我们会感受到释然与力量。

⊙ 这也就是说，这个界限是现象学观点的结束，宗教的开始？

其实这是每个人自己的界限。现象学是关于本质的认知。这种本质的认知就是：我知道我必须做的是什么。这种认知指导我们的行为，与智慧相关联，让我知道什么可行，什么不可行。

而这里相关的，是对一个更深远的关系的呈现——超越了"作为"。那里已经没有了"作为"，这是一种态度，不想要知道更多。因为人们清楚地知道，那一切是不可知的。在那一点上，我们放下所有的期待，完全敞开，没有意图，没有恐惧，没有爱。达到最终极的归中。在那里，宗教也到达了边界。勇于开启这种宽广的目光的人，就拥有力量，以不同的方法去作为，仅仅通过他的"存在"

（Da-Sein）去行动。

⊙这不还是宗教吗？您说："我们所有的人都服务于一些力量。"我们所有的人都被驱使着移动？这是一种观点。

这是一种哲学性的思考，并由此得出的一种观点。

当我说"每个人都服务于一些力量"之时，好与坏的区别已被消除。我这样的说法会让一些人反感，并不是那些能够看到自己在为某种力量服务的人，而是那些无法认同有不同的想法和做法的别人。但实际上，后者也是以同样的方法在为某种力量服务的。

亚里士多德曾经说过的"不动的推动者"。这个"推动者"驱动着一切，而自己无须运动。如此的世界观很难维持那种通常的区别。

那些保持区别好坏的人，表达都是自己的观点是：有些人有权利可以存活，另一些人没有权利存活。他们将自己放在最主要的原始力量，以及亚里士多德所说的那个"不动的推动者"的位置上。

我的世界观允许我舍弃对好坏的区别。我们所有的人都以一种特定的方法，为某种力量服务。这就是我所表达的"每个人都服务于一些力量"的深层含义。

⊙真的是这样吗？

这种探究真相的提问暗藏着我们必须找到真相的想法。好像我们能够找到事实真相；好像我们必须这样去做；好像我们的想法是有可能的！但我不要求他人必须相信我的哲学思考就是事实真相。

⊙那么您的这些哲学思想在你目前的工作方法中有什么作用呢？

这些哲学思想可以帮助我们以一定的方式接受和面对他人。持有这种态度，当我与加害者、受害者、被拒绝排斥在外的人，例如一个谋杀者进行排列工作时，我就能够全然地保持宁静。比起只是表面浅层地看到纠缠，我的态度和介入方法就会截然不同。如果我只看到纠缠，那我就会企图介入排列之间，去化解纠缠。

⊙这也是为什么做家庭排列时，您使用完全实用性的排列方式的最根本原因吗？

当然，在纠缠的层面上我们可以观察到解决方案，也通常可以找到解决的可能性，但是在"每个人都服务于一些力量"的层面上，我也许就不需要答案了，因为我信任那股原始的力量。

⊙因此，灵魂的移动比家庭系统的移动具有更大的作用？

是的！这是很重要的一点，灵魂的移动当然具有更大的作用。在这里，解决方案不仅仅来自系统。

⊙我不明白您的意思。

这些解决方案来自更高的力量，这股力量以同样的方式关注所有人，让所有人都联结在一起，这种力量超越所有的意识。

这与家族系统排列的工作方法完全没有关系。下面的两种说法有其差别性：假如我说在系统中我是排列代表，我的所有举动变化都来自于我在系统中代表的那个家庭成员；或者另一种说法：所有的移动变化都来自于一种更高的力量。我们可以了解第一种说法的意思，但是第二种说法完全不同，与灵魂移动工作的人，接受一个"神性"的前提，也就是说我们都是被另一种更高的力量所召唤的。

对我来说这不是宗教，而是哲学。

⊙有什么区别？

第一种说法是观察到在排列场域中有移动变化。第二种说法则是说我们受到更高力量的支配驱动，这是哲学性的思考和结论。假如我将这归结为"神性"，就是对这种哲学性的洞见的一种以偏概全，是不合理的。有更高的力量在起作用，但是去设想这股更高力量是否是"上帝"或"神"，那就太草率了。

⊙因此对您来说，将"上帝"作为"宗教"的出发点，是您想要避免的？

是的，正是如此。

⊙让我们这样说吧，这是一个精神灵性的层面，在每种哲学都有这样的层面，像道教、佛教。

在道家哲学中人们不会把这些称为"神"。从哲学的角度我们可以说，所有的移动都被来自其他地方的力量推动着。一个自发产生的移动是无法想象的。这样想也是不理智的，我也无法证明这一点，然而这个假设在实践中是很重要的。

⊙为什么呢？

如果能够看到一个家族系统的移动是由另一股力量推动的，作为内在的进程这是有很好的作用的，现代的脑神经研究科学家也证实了我的观点。

⊙您指的是，譬如，美国的脑神经科学专家安东尼奥·达马西奥（Antonio Damasio）与他的团队观察到情绪和感觉首先是由身体反应"做出"的，他认为我们的思想精神是"身体化"的，不仅仅只在头脑里。

在我们做出一个决定之前，身体就已经通过反应明确了这个决定的去向。这全然不是一个"自由"的决定，它其实服从了另外一个之前就设定的移动。认为我们是此时此刻才做出决定的这种想法是一种幻想。一个决定是先被做出，再被感知意识到的。我由此得到的结论是：在我开始移动变化之前，我已经被来自其他地方的力量所驱动。

⊙人们是被驱动的，但是谁知道这股力量是否来自另一个地方呢？我们也可以得到同样的论断：我们的决定来自于我们的身体。

我们不知道决定来自何处，但是可以确定的是，我们的决定并不出自于我们的自由意志。我不想对此下定义，但是这些细微巧妙的移动是可以被观察到的。由此我可以看到，无论一个人做出怎样的决定，他在做出这决定之前已经被来自另一个地方的力量所驱动了。

我们必须继续向前
解决道路上遇到的瓶颈

⊙这是一个非常具有影响力的结论。您现在谈论的是伴随着灵性之爱的移动，但您以前曾说，您将所有人以同样的方式放在心里。

当我把某个人放在我心中时，这是感知的层面。灵性之爱则是全然不同的爱，是不带情感的精神之爱。这份爱肯定一切如其所是，包括看上去很糟糕的一切。当我进入这份爱的状态并与之和谐共振时，我自己的律动就停止了。我臣服于这种移动的引导，这与寻找无关。当我静止在这股无法形容的力量面前时，是这股力量在驱动我。突然间，结果变得清晰可见。

⊙这是您单独走上的一条道路？

这条道路能打开很多可能性的大门，也向我们展示了我们通常所做的一切，即使是灵魂的移动，一切也是暂时的。它使我们对一切新事物敞开大门。

⊙您曾经提过，在这个背景下，您现在的工作方法与以前不

同,譬如,在处理堕胎这个问题上?

堕胎是一个复杂的问题,但最终人们臣服于朝向所有人的灵性之爱。这时,每个人都从自己的位置上被释放,在这个层面上,就不存在失去。在这个有创造性的移动中不会有任何遗落,没有人能够被夺走他的生命。一切曾经似乎失落的,最终将服务于更伟大的整体。我们让他们安息,没有任何期待,也没有任何悔过和遗憾。

⊙我了解排列堕胎的案例时,我们很具体地排列被堕掉的孩子:这个孩子在排列的最终回到了他该有的位置。

我有时也还会做这样的排列，这样可以把真相揭示出来，并被大家认知，使有关的人观察并意识到堕胎可能造成的影响，但这样做往往容易使人们陷入其中，停止不前。

　　我的妻子索菲·海灵格也以同样的方法做这种案例的家族系统排列，但是她发现这样的排列只解决了表面上的问题，很快个案案主们会重新回来求助。她发现所谓的解决方案没有达到必要的深度。我们得出的结论是我们必须十分谨慎地处理堕胎的案例，但事实上我们必须进入更宽广和深刻的层面。

　　在堕胎的案例中，人们很容易停留在意识层面，如罪恶与清白的意识，谋害者与受害者的意识层面。假如我们能够进入另一个层面，情况将完全不同。一切都变得非常庄严，广阔无垠，与更高的力量联结。它向我们展示了走向更远的层面是多么重要。

⊙十年前曾经有过这样的态度，人们认为有了家族系统排列，就可以一次解决所有问题，现在我们证明了这样的想法不太成熟。正如您刚才所说：个案案主们重新回来求助……

　　没有人下过定论，但是可以观察到，确实有一些问题没有完全解决，有些解决方案不够成熟完善。

⊙即便表面看起来问题似乎已经解决了？

　　是的！大家都很高兴，似乎问题已得到解答。但我从经验中体会到，当人们兴高采烈时，大多数时候，解决方案的深度还不够。

⊙解决方案的深度还不够，这种解决方案只能保持在一定的时间范围之内？

是的。

⊙这种解决方案深度的欠缺与特定议题有关，还是说这是普遍的现象？

我们必须继续探索，继续向前，家族系统排列的工作迫使我们内在成长，它不只是为了疗愈或是解决问题。最终，家族系统排列是为了让我们的生命充实圆满。

心灵如同羽毛般轻盈。探索心灵世界的人脚步轻捷，踏雪无痕，对待案主波澜不惊，满怀喜悦地接受一切，如其所是。

Bert Hellinger and Sophie Hellinger
"New Family Constellation"

伯特·海灵格与索菲·海灵格
"新家族系统排列"

  通过海灵格学校,索菲·海灵格与伯特·海灵格展示和传授新家族系统排列。家族系统排列的领悟及其传授内容源于海灵格科学。

  海灵格科学是一门广泛科学,是人类关系序位的科学。伯特·海灵格发现了这门科学,他和索菲一起共同努力,使其获得进一步的提升和发展。而海灵格学校传递着"爱的序位"的理论和实践,确保家族系统排列的教学质量与索菲·海灵格和伯特·海灵格所引领的家族系统排列同频一致。

  尤为重要的是,海灵格学校服务于生命与成功。几十年以来,海灵格学校已经培养出许多最高水准的老师和讲师,他们通过家族系统排列工作坊,协助了无数人生命的成功。

海灵格家族系统排列师培训课程的形式与方法，在海灵格科学的引领下独具一格。来自世界各地的人们从我们这里学习。他们从家族系统排列的源头学习，因而有能力并被允许传递这份支持生命的礼物。

　　索菲·海灵格是海灵格学校的创始人，也是一位先锋，一直在寻求新的和非传统的家族系统排列的应用领域。她致力于服务人类，在协助生命的领域活跃了几十年。她的研究领域非常广泛，其成果远远超越了很多疗愈方法。她的知识与技能跨越了从职业到健康，从心智到身体，以及其他生命领域。

Family Constellation in the service of Life — True success in life and love

家族系统排列服务于生命，
服务于真正生命与爱的成功

工作坊内容概述：

家族系统排列、冥想和练习议题包括：
- ✓伴侣关系和性——圆满而持久的爱
- ✓父母与孩子——当今的教育
- ✓健康与疾病——症状与内在移动
- ✓工作与职业——喜悦与成功
- ✓金钱的系统动力——人们可以"吸引"金钱吗？
- ✓生命障碍——是什么障碍？什么制约了我们的生命？
- ✓生命的基本法则——一切的关键
- ✓还有更多

我们的工作坊总是根据不断发展的生活需求发展与调整。

您可以在我们如下网站上找到信息：www.Hellinger.com
欢迎关注我们的中文微信公众号（海灵格教育），上面有你想了解的信息

创伤治疗

《危机和创伤中成长：10位心理专家危机干预之道》
作者：方新 主编 高隽 副主编

曾奇峰、徐凯文、童俊、方新、樊富珉、杨凤池、张海音、赵旭东等10位心理专家亲述危机干预和创伤疗愈的故事。10份危机和创伤中成长的智慧

《创伤与复原》
作者：[美] 朱迪思·赫尔曼 译者：施宏达 陈文琪

自弗洛伊德以来，重要的精神医学著作之一。自1992年出版后，畅销30余年。美国创伤治疗师人手一册。著名心理创伤专家童慧琦、施琪嘉、徐凯文撰文推荐

《心理创伤疗愈之道：倾听你身体的信号》
作者：[美] 彼得·莱文 译者：庄晓丹 常邵辰

美国躯体性心理治疗协会终身成就奖得主、身体体验疗法创始人莱文集大成之作。他在本书中整合了看似迥异的进化、动物本能、哺乳动物生理学和脑科学以及自己多年积累的治疗经验，全面介绍了身体体验疗法理论和实践，为心理咨询师、社会工作者、精神科医生等提供了新的治疗工具，也适用于受伤的人自我探索和疗愈

《创伤与记忆：身体体验疗法如何重塑创伤记忆》
作者：[美] 彼得·莱文 译者：曾旻

美国躯体性心理治疗协会终身成就奖得主莱文博士最新力作。记忆是创伤疗愈的核心问题。作者莱文博士创立的身体体验疗法现已成为西方心理创伤治疗的主流疗法。本书详尽阐述了如何将身体体验疗法的原则付诸实践，不仅可以运用在创伤受害者身上，例如车祸幸存者，还可以运用在新生儿、幼儿、学龄儿童和战争军人身上

《情绪心智化：连通科学与人文的心理治疗视角》
作者：[美] 埃利奥特·尤里斯特 译者：张红燕

荣获美国精神分析理事会和学会图书奖；重点探讨如何帮助来访者理解和反思自己的情绪体验；呼吁心理治疗领域中科学与文学的跨学科对话

更多>>>

《创伤与依恋：在依恋创伤治疗中发展心智化》作者：[美] 乔恩·G.艾伦 译者：欧阳艾莅 何满西 陈勇 等
《让时间治愈一切：津巴多时间观疗法》作者：[美] 菲利普·津巴多 等 译者：赵宗金

心理学大师经典作品

红书
原著：[瑞士] 荣格

寻找内在的自我：马斯洛谈幸福
作者：[美] 亚伯拉罕·马斯洛

抑郁症（原书第2版）
作者：[美] 阿伦·贝克

理性生活指南（原书第3版）
作者：[美] 阿尔伯特·埃利斯 罗伯特·A.哈珀

当尼采哭泣
作者：[美] 欧文·D.亚隆

多舛的生命：
正念疗愈帮你抚平压力、疼痛和创伤（原书第2版）
作者：[美] 乔恩·卡巴金

身体从未忘记：
心理创伤疗愈中的大脑、心智和身体
作者：[美] 巴塞尔·范德考克

部分心理学（原书第2版）
作者：[美] 理查德·C.施瓦茨 玛莎·斯威齐

风格感觉：21世纪写作指南
作者：[美] 史蒂芬·平克